U0675005

职业教育财经类
"十二五"规划教材

会计综合技能实训

Accounting Comprehensive Skills Training

回晓敏 王淑兰 主编

丛莉 刘颖 陈巧会 栾桂明 副主编

陈风奎 主审

人民邮电出版社
北京

图书在版编目（CIP）数据

会计综合技能实训 / 回晓敏，王淑兰主编． -- 北京
：人民邮电出版社，2013.8（2017.1 重印）
职业教育财经类"十二五"规划教材
ISBN 978-7-115-32229-6

Ⅰ．①会… Ⅱ．①回… ②王… Ⅲ．①会计学－高等
职业教育－教材 Ⅳ．①F230

中国版本图书馆CIP数据核字(2013)第146944号

内 容 提 要

　　本书以《企业会计准则》为依据，结合《会计基础工作规范》和《支付结算办法》等法规，以某企业某年最后一个月真实完整的经济业务为例，从账簿的设立、原始凭证的填制和审核、记账凭证的编制、会计账簿的登记及成本的计算，一直到编制会计报表和纳税申报，提供仿真的、全面的会计实务演练材料。本书所提供的票据、单证样式都来自实际工作，内容真实、新颖。对每一笔经济业务的会计处理，都从理论和实务两方面进行了提示，力求突破会计专业实习难的困境，使学生能够实现与会计岗位的零距离对接。

　　本书既可作为高等职业院校、高等专科院校及民办高校财会专业综合实训教材，也可作为会计从业人员参考用书。

◆ 主　编　回晓敏　王淑兰
　 副主编　丛　莉　刘　颖　陈巧会　栾桂明
　 主　审　陈风奎
　 责任编辑　李育民
　 责任印制　沈　蓉

◆ 人民邮电出版社出版发行　　北京市丰台区成寿寺路 11 号
　 邮编　100164　　电子邮件　315@ptpress.com.cn
　 网址　http://www.ptpress.com.cn
　 固安县铭成印刷有限公司印刷

◆ 开本：787×1092　1/16
　 印张：14.75　　　　　　　　　　 2013 年 8 月第 1 版
　 字数：212 千字　　　　　　　 2017 年 1 月河北第 2 次印刷

定价：34.00 元
读者服务热线：(010) 81055256　印装质量热线：(010) 81055316
反盗版热线：(010) 81055315
广告经营许可证：京东工商广字第 8052 号

前　言

本书是为了配合"财务会计"、"基础会计"、"成本会计"、"财务管理"、"会计电算化"等课程的综合实践性教学，巩固所学理论知识，增强系统认识，提高学生动手能力，理论联系实际，实现知识向能力转化，培养高技能、高素养、应用型人才而开发的教程。我们在教材编写过程中力求做到以下几点。

（1）本书的编写充分体现任务引领、实践导向课程的设计思想，基于手工和电算化双重操作并验证检验，是对以往手工和电算化各行其是的突破和创新。

（2）本书设计了基于会计工作过程与任务的实训项目，通过手工模拟、电算化模拟、分岗模拟、混岗模拟等方式，使学生了解企业组织形式，熟悉会计工作业务流程，明确各个会计岗位的职责，掌握会计工作的具体方法，能熟练运用手工和电算化方式独立完成建账、填制和审核会计凭证、登记账簿、对账、结账、编制报表等会计核算工作，熟练处理出纳业务、涉税业务，有效提高学生的实践应用能力，为学生毕业后实现零距离就业上岗奠定基础。

（3）本书编写体例按任务顺序编写，组成一个个模块，拼装成学习包，便于学生在做中学。

（4）符合最新《企业会计准则》和《会计工作规范》的规定，更好地适应时代的发展和经济业务实践的变化。

（5）全书的票证格式根据《新版票据与结算凭证使用手册》的填写要求印制。

通过对本书的学习和训练，学生不仅能够掌握手工会计技能操作知识，而且能够掌握电算化会计技能操作知识，为学生毕业前的综合实训提供了很好的帮助。

本书由回晓敏、王淑兰任主编。其中，回晓敏负责编写大纲的设计、拟订、整个教材的编写、定稿，王淑兰负责业务的勾稽核算。从莉、刘颖、陈巧会（潍坊工商职业学院）、栾桂明任副主编，分别负责技术处理、部分教材的编写，陈风奎任主审，在教材大纲的制定、各项目内容及体系设计、教材审定方面均提出了很多建设性意见。

在编写过程中，我们参考和引用了德州职业技术学院的校本教材《会计实习习题集》和许多专家、学者的著作和资料，在此深表感谢！

由于编写时间仓促，加之学识与水平有限，书中难免会有不完善或不妥之处，敬请读者朋友们予以指正。

编　者

2013 年 6 月

目　录

实训任务要求

一、会计综合技能的培养目标

（一）职业能力培养目标

本教材的培养和训练使学生能遵照《会计准则》和《企业会计制度》进行会计基本岗位的实务操作。

1. 能熟练掌握出纳岗位的实务操作；
2. 能进行往来业务核算；
3. 能进行工资业务核算；
4. 能进行固定资产业务核算；
5. 能进行收入利润业务核算；
6. 能运用《税收征收管理法》正确办理税务登记、纳税申报等工作；
7. 能熟练运用财务软件进行业务处理。

（二）职业素质养成目标

1. 具备一定的沟通能力和组织协调能力。
2. 具备一定的分析和运用会计信息进行评价的能力。

知识目标：

● 掌握手工实训的程序与要求
● 掌握手工不同会计核算程序的区别与联系
● 掌握电算化实训的程序与要求
● 熟悉电算化实训的软硬件环境要求、软硬件设施
● 明确手工与电算化核算程序的区别与联系

能力目标：

● 具备为企业选择合适的核算程序的能力
● 具备为企业选择软硬件设施的能力

二、手工会计核算实训准备

（一）手工会计核算程序

账务处理程序就是指会计凭证、账簿、会计报表和账务处理程序相互结合的方式，也称会计核算组织程序、账务处理程序或者记账程序。

不同的会计核算形式，规定了填制会计凭证、登记账簿、编制会计报表的不同步骤和方法。

（二）不同的手工会计核算程序

1. 记账凭证核算形式的账务处理程序（见图 1-1）。

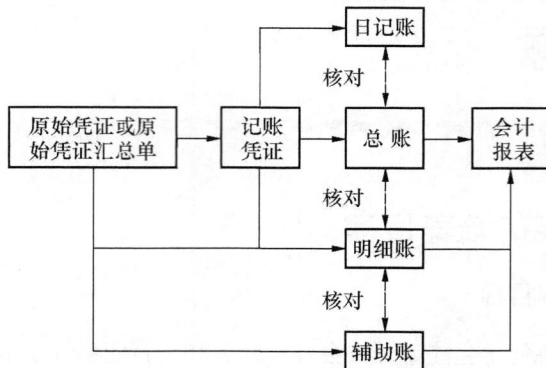

图 1-1　记账凭证账务处理程序

（1）根据原始凭证或原始凭证汇总表填制各种记账凭证（收款凭证、付款凭证和转账凭证）。

（2）根据收款凭证和付款凭证逐笔登记现金日记账和银行存款日记账。

（3）根据记账凭证并结合原始凭证或原始凭证汇总表逐笔登记各种明细分类账。

（4）根据各种记账凭证逐笔登记总分类账。

（5）月终，将现金日记账、银行存款日记账的余额以及各种明细分类账的余额或余额合计数，分别与总分类账中有关账户的余额核对相符。

（6）月终，根据核对无误的总分类账和各种明细分类账的记录编制会计报表。

2. 科目汇总表核算形式的账务处理程序（见图 1-2）。

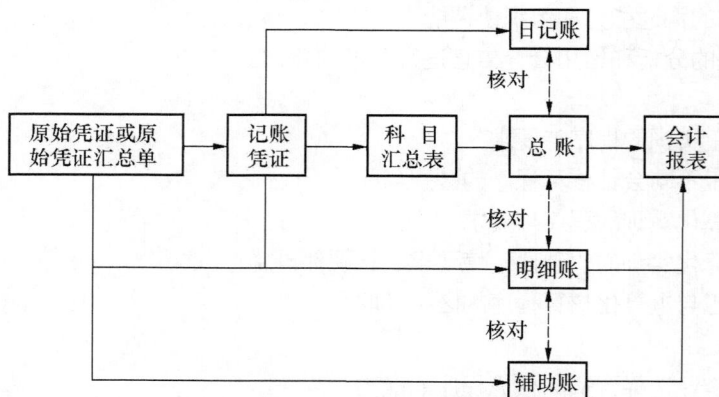

图 1-2　科目汇总表账务处理程序

（1）根据原始凭证或原始凭证汇总表填制收款、付款、转账等记账凭证。

（2）根据收款、付款凭证逐笔登记现金日记账和银行存款日记账。

（3）根据各种记账凭证及其所附的原始凭证或原始凭证汇总表登记各种明细分类账。

（4）根据各种记账凭证定期编制科目汇总表。

（5）根据科目汇总表登记各种总分类账。

（6）现金日记账、银行存款日记账的余额和各种明细分类账户余额或余额的合计数，应分别与对应的总分类账户的余额核对相符。

（7）月末，根据核对无误的总分类账和各种明细分类账的记录编制会计报表。

3．汇总记账凭证账务处理程序（见图1-3）。

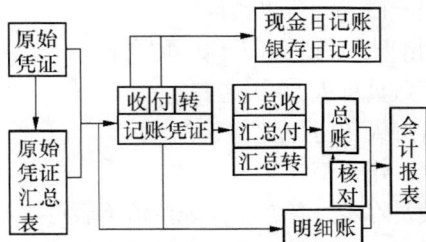

图 1-3 汇总记账凭证账务处理程序

（1）根据原始凭证或原始凭证汇总表填制记账凭证。

（2）根据现金收、付款凭证逐笔序时登记现金日记账；根据银行存款收付款凭证及其所附的银行结算凭证逐笔序时登记银行存款日记账。

（3）根据原始凭证、原始凭证汇总表及各种记账凭证逐笔登记各种明细分类账。

（4）根据各种记账凭证编制汇总收款凭证、汇总付款凭证、汇总转账凭证。

（5）根据汇总收付款、转账凭证登记总分类账。

（6）根据对账的具体要求，将现金日记账、银行存款日记账和各种明细分类账定期与总分类账相互核对。

（7）期末，根据总分类账和明细分类账的记录编制会计报表。

（三）不同的手工会计核算程序的特点

各种不同的手工会计核算程序的主要区别在于登记总账的依据不同。

记账凭证核算程序登记总账的依据是记账凭证，它的优点，是简单明了，易于理解和掌握，账户之间的对应关系清晰，总分类账反映详细。而它的缺点，则是登记总分类账的工作量较大，特别是与现金、银行存款日记账明显地存在重复登记的现象，账页耗用多。

科目汇总表核算程序登记总账的依据是科目汇总表，比起记账凭证核算形式登记总分类账的工作量大大地减少了，并且汇总的方法简便易行，还能起到试算平衡的作用。然而，科目汇总表核算形式中不能反映账户之间的对应关系，所以不便于分析和检查经济业务的来龙去脉。它适用于经营规模较大，经济业务较多的企事业单位。

汇总记账凭证核算程序登记总账的依据是汇总记账凭证，它的优点是可以简化总分类账的登记工作，能清晰反映各账户之间的对应关系，有利于经济活动的分析和检查，但是编制汇总记账凭证工作量大，且由于记账凭证是按有关账户的借方或贷方汇总，而不是按经济业务性质归类汇总的，不利于日常会计核算工作的合理分工。它适用于规模较大、业务量较多的单位。

（四）手工会计核算实训的程序与要求

手工会计核算操作模拟实训时间按180课时计算，分三个阶段。

1．第一阶段，资料准备阶段（4课时）

自行准备所学过的"基础会计"、"财务会计"、"成本会计"、"财务管理"课程的教材，作为查阅相关企业的资料，发放实训所需物品及参考如下：

（1）会计综合技能实训一本。

（2）使用收、付、转记账凭证，每种凭证，每人 100 页左右。

（3）总账、现金日记账、银行存款日记账，采用订本式或活页账，每人各一本（注：现金日记账、银行存款日记账可用三栏式的账页代替）。

（4）借、贷、余三栏式明细账，账页每人 80 页左右。

（5）数量金额式明细账，账页每人 50 页左右。

（6）多栏式明细账，账页每人 30 页左右。

（7）应交增值税的明细账，账页每人 21 页左右。

（8）资产负债表、利润表及附表，各 2 张，现金流量表可视具体情况自行决定是否编制。

（9）科目汇总表 6 张，记账凭证封面 3 张，会计报表封面 1 张。

（10）其他用品：剪刀或小刀一把、直尺一个、回形针或大头针一组一盒，胶水一瓶，中号夹子若干，装订线一组一捆等，以满足资料整理需要。

2．第二阶段：实际操作阶段（164 课时）

本阶段为手工模拟实训的中心内容，分 5 个环节。

（1）建账测试资金平衡环节（12 课时）。本环节重点掌握账簿启用规则和账户的设置方法，了解总分类账户与明细分类账户的关系，以及各种明细账户之间的关系。

① 根据实训资料 1（见表 2-2）开设总分类账户，并将余额记入账户的余额栏内，在摘要栏内注明"期初余额"或"上期转入"字样。

② 根据资料 2（见表 2-2、2-3、2-4、2-5）各账户明细账户，开设各明细账户，并将余额记入各明细账户余额栏，在摘要栏注明"期初余额"或"上期转入"字样。

③ 根据"原材料"明细账户资料，开设"原材料"明细账，并将余额记入各明细账户的余额栏内。（采用数量金额式明细账）

④ 根据"库存商品"明细账户资料，开设"库存商品"明细账并将余额记入各明细账户的余额栏内。

⑤ 根据"基本生产成本"明细账户资料，开设"基本生产成本"明细账，产品成本项目为：直接材料、直接人工、直接制造费用、燃料及动力等四项（采用多栏式明细账）。还开设"制造费用"、"辅助生产成本"明细账（注：辅助生产车间不开设"制造费用"账户）。

⑥ 建账完毕，对总账的期初余额进行试算平衡，同时，将总账账户与所属各明细账户资料相核对，检查登记是否正确，保证期初资料准确无误后，进入下一环节。

（2）实际业务处理环节（124 课时）。本阶段为模拟实训的重要环节：应在弄清各原始资料性质的基础上，掌握根据原始资料编制记账凭证及登记的明细账、总账的过程和方法。

① 审查：认清各原始凭证所体现的经济业务性质和内容。本教材的各项经济业务，全部来自于实际，用原始凭证表达，因此在编制记账凭证时，应首先弄清其所表示的经济业务内容，根据经济业务的性质编制记账凭证。

② 编制记账凭证与登记明细账、总账。

a．根据认清的原始资料，编制记账凭证，将原始凭证附于记账凭证后，并进行证证核对。

b．根据核对无误的会计凭证登记各明细账户。

c．采用科目汇总表核算方式，按实际业务每 10 天编制一次科目汇总表，登记一次总分类账。

d．登记账簿应注意登记规则按要求进行，力求规范、工整。

（3）结账、对账环节（10 课时）。

① 将全部资料登记入账后，按结账要求进行结账。

② 结账时，先结各种明细账，保留发生额的结出发生额，不需要结出发生额的只结出余额，明细结账完毕，再结出总账各账户余额。

③ 本资料是 12 月份发生的经济业务，因此，结账要分 12 月份月结、第四季度季结和本年的年结三部分进行。

④ 将全部资料登记入账后，要按对账的要求进行对账。

a. 将各明细账资料与各记账凭证相核对，保证账证相符。

b. 账账核对：将总账账户与其所属各明细账户相核对，保证账账相符。

（4）编制会计报表环节（12 课时）。本环节是模拟实训的最后阶段，重点掌握"资产负债表"、"利润表"、"现金流量表"的编制。

① 对账完毕，编制全月的记账凭证汇总表试算平衡。

② 在弄清各报表结构、内容的基础上，根据账簿记录和有关资料编制会计报表。

③ 会计报表编制结束后，各报表之间要进行核对，弄清各报表中有关数字之间勾稽关系，以加深对报表的认识。

（5）写出财务分析报告（6 课时）。计算相关的财务分析指标（财务比率），并根据计算的相关指标对企业进行简要的评述。

根据有关资料计算，评价企业财务状况和经营成果的如下 8 个财务指标：①流动比率；②速动比率；③应收账款周转率；④存货周转率；⑤资产负债率；⑥资本金利润率；⑦营业收入利润率；⑧成本费用利润率。

3. 第三阶段：实训总结和考核阶段（12 课时）

（1）撰写模拟实训报告（6 课时）。模拟实训结束，每个学生都应针对会计模拟实训的实际情况认真总结和评价。总结包括：实训步骤、基本内容、主要收获和存在的问题，及对改进模拟实训提出建议，要写出心得体会，并尽可能深入探讨一些问题，通过撰写实训报告，既可以进一步熟悉掌握有关规章、制度，提高政策水平，又可钻研业务，提高归纳能力及写作水平。指导老师应根据学生实际情况撰写一份总结报告，主要总结包括实训对象、内容、步骤，取得的成绩及存在的问题，对以后改进实训教学工作的总结。

（2）模拟实训成绩评定（6 课时）。按规定办法对每个学生模拟实训，通过考核做出客观的评定，并计入学生成绩册。各环节考核标准为考核，一般建账占 20 分，账务处理 60 分，该部分账务处理 40 分，填制凭证 10 分，账簿登记 10 分，最后撰写财务分析报告 20 分，其中计算为 10 分，财务分析报告 10 分。

三、电算化会计核算实训准备

（一）电算化会计核算程序

电算化会计核算账务处理系统的数据流程，如图 1-4 所示。

电算化账务处理子系统的数据流程图步骤如下。

（1）由录入员通过键盘输入记账凭证、原始凭证，输入的凭证经检查无误后，写入临时凭证文件，或者通过期末处理自动生成机制凭证传入临时凭证文件。

（2）对临时凭证文件中未审核的凭证进行审核。

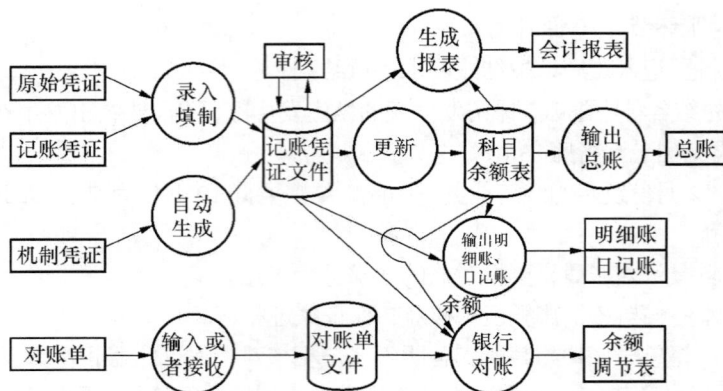

图 1-4　电算化账务处理系统的数据流程

（3）根据临时凭证文件中已审核凭证进行记账，分别更新汇总文件、历史凭证文件、单位银行对账文件，并将临时凭证文件中已记账的凭证删除。

（4）根据单位银行对账文件和对账单文件中的银行业务进行对账，并将已达账从两个文件中删除；

（5）根据汇总文件和历史凭证文件生成日记账、明细账。

（6）根据汇总文件编辑输出总账。

（7）根据汇总文件及历史凭证文件输出各种会计报表。

（二）电算化实训的程序与要求

1．建立新账套步骤。

（1）新建账套。进入系统：双击桌面"系统管理"图标，打开系统管理窗口，单击系统（S）→注册，然后以系统管理员"admin"用户名注册，第一次进入密码为空，单击"确认"按钮。

① 建立账套。

a．账套信息：输入账套名称。

b．单位信息：输入单位名称。

c．核算类型：企业类型选择"工业"，行业性质选择"新会计制度科目"。

d．基础信息。

② 在权限菜单下增加操作员（至少两个），并赋予操作员权限。

（2）登录软件。选择自己建立的账套和会计年度、操作日期。

① 增加会计科目。

② 设置凭证类别。

③ 录入期初余额。

（3）凭证处理。填制凭证→审核凭证→记账。

（4）编制财务报表。

2．实训要求

（1）记录实训过程中不理解的概念并在小组中讨论，记录讨论结果。

（2）记录实训过程中遇到的操作错误、产品错误、解决过程，感受。

（3）完成实训，将数据备份，存放到指定目录。

实训资料

一、期初建账

【任务引入】

了解账簿的填制要求，能够启用账簿，并可以根据实训资料正确登记现金日记账、银行存款日记账、总账和明细账的期初数。

复习、回顾账簿启用规则、账簿登记规则、本期和上期会计数据之间的关系、总账和明细账平行登记法的要求。

1. 账簿启用规则。

（1）启用时，在账簿封面上写明单位名称和账簿名称。

（2）在扉页上填制"账簿启用表"和"经管人员一览表"。

（3）启用订本式账簿，应当从第一页到最后一页顺序编定页数，不得跳页、缺号；活页式，应当按账户顺序编号，并须定期装订成册，装订后再按实际使用的账页顺序编订页码。

（4）在第一页前面，附上会计科目的目录及每个会计科目在账簿中的起止页数。

2. 账簿登记规则。

（1）记录正确、及时。

（2）记录清晰、整洁。

（3）连续、一贯。

① 不得隔页、跳行。

② 转页要求：过次承前。

③ 结出余额的账户，在"借"或"贷"栏内写明方向。没有余额的账户，在"借/贷"栏内写"平"，余额栏内记"Ø"。日记账逐日结出余额。

（4）定期试算、结账。

3. 总账和明细账平行登记法的要求。

（1）总分类账户期初余额等于所属明细分类账户的期初余额之和。

（2）总分类账户本期借方发生额等于所属明细分类账户的借方发生额之和。

（3）总分类账户本期贷方发生额等于所属明细分类账户的贷方发生额之和。

（4）总分类账户的期末余额等于所属明细分类账户的期末余额之和。

【基本资料】

（一）企业基本情况简介

企业名称：建设机械加工厂

企业类型：国家控股

法人代表：赵正

注册资金：1386000 元（国有 858000 元）

企业代码：666888

企业账号：085878

税务人登记号：371482085878456

经营地址：德州市向阳路 75 号

经营范围：CO1 产品、CO2 产品的生产与销售

开户银行：工商银行向阳分理处

开户银行账号：851

电话：0534—2557501

机构设置：生产系统设有一个基本生产车间，两个辅助生产车间，即机修车间和供汽车间；职能科室设有厂长办公室、技术科、生产科、财务科、供应科、总务科、销售科等，还有浴池、食堂等职工福利部门。

企业会计核算政策及有关规定如下。

① 企业采用科目汇总表核算程序，每 10 天汇总登记一次总账。

② 库存现金限额 7 000 元，总务科实行定额备用金制度，定额为 500 元。

③ 坏账损失采用备抵法核算，按年末应收账款余额百分比法计提坏账准备，年提取比例为 4‰。

④ 成本计算方法采用品种法，辅助生产费用采用直接分配法，完工产品与在产品费用分配，CO1 产品采用约当产量法，CO2 产品采用定额成本法。

⑤ 材料采用计划成本核算，材料成本差异率按当月计算确定。

⑥ 库存商品按实际成本核算，商品销售成本每月按月末一次加权平均法计算。

⑦ 企业为增值税一般纳税人，每月应纳税款于次月 20 日前上缴，增值税税率为 17%，销售和外购货物所支付的运输费按 7% 扣除率计算进项税额。

⑧ 企业实现的利润年末一次进行分配，所得税税率为 25%。企业所得税采用现行制度规定核算，实行按季预交、年末汇算清缴的办法，企业用计税工资总额为 458500 元，按税后利润 10% 和 5% 的比例分别提取法定盈余公积和任意盈余公积，并向投资人按投资比例支付应付利润。

⑨ 固定资产采用平均年限法计提折旧，工程物资、包装物、低值易耗品、库存商品采用实际成本法核算。

企业人员档案如表 2-1 所示。

表 2-1　　　　　　　　　　　　　　　企业人员档案表

部门编号	部门	职员编号	职务	姓名	性别	学历
1	办公室	101	厂长	赵正	男	大学
		102	党委书记	杨帆	男	大学
1		103	副厂长	扬斐	女	大学
		104	秘书	王民	男	大学
2	财务科	201	财务科长	王敏	女	大学
		202	会计主管	丛颖	女	大学

续表

部门编号	部门	职员编号	职务	姓名	性别	学历
		203	出纳	刘兰	女	大学
		204	会计	惠丽	女	大学
		205	会计	肖晨	男	大学
		206	会计	任思和	男	中专
3	总务科	301	科长	陈伟	男	大专
		302	普通职员	许洁	男	中专
4	供应科	401	科长	卢桦	男	中专
		402	普通职员	陈祺	男	中专
5	生产科	501	主任	蔡兵	男	大学
		502	生产工人	马立	男	大专
		503	生产工人	白芳	女	大专
		504	生产工人	吴丽	女	中专
		505	生产工人	杨帆	男	中专
		506	生产工人	钟彬	男	高中
		507	生产工人	王亮	女	高中
		508	生产工人	李梦	女	高中
		509	生产工人	韦芳	女	中专
		510	生产工人	林云	女	中专
		511	生产工人	张东	男	高中
		512	生产工人	方明	男	高中
		513	生产工人	朱海	男	高中
		550	生产工人	任和等		
6	机修车间	601	科长	罗志	男	大专
		602	技术员	陈锋	男	中专
		603	技术员	覃冲	男	高中
7	销售科	701	部长	苏兰	女	大学
		702	普通职员	陆娜	女	大专
	合计	69				

（二）企业会计核算基础资料信息

1. 该企业 12 月初有关账户期初余额如表 2-2、表 2-5 所示。

表 2-2　　　　　　　　　　　总分类账户余额　　　　　　　　　　　金额单位：元

序号	代码	总账科目	明细科目	借方余额	贷方余额
1	1001	库存现金		7 100	
2	1002	银行存款		216 314	
3	1015	其他货币资金	存出投资款	24 350	

续表

序号	代码	总账科目	明细科目	借方余额	贷方余额
4	1101	交易性金融资产	长城股份	20 000	
5	1121	应收票据	光大公司	21 000	
6	1122	应收账款	兴旺公司	64 000	
			发达公司	5 000	
			明星公司	52 000	
			大明公司	70 630	
			辽原工厂	307 350	
7	1241	坏账准备			1 350
8	1123	预付账款	南京宏达公司	6 970	
9	1131	其他应收款	总务科（王郴）	500	
			李江泽	4 000	
			B工厂包装物押金	10 440	
10	1431	周转材料	低值易耗品（在库）	16 000	
			专用工具	6 260	
11	1403	原材料	甲材料	67 685	
			乙材料	42 000	
			丙材料	17 600	
12	1404	材料成本差异			7 760
13	1406	库存商品		237 500	
14		基本生产成本		39 400	
15	1524	长期股权投资	其他投资	300 000	
16	1521	持有至到期投资	债券投资	14 200	
17	1601	固定资产	生产用	552 180	
			非生产用	265 960	
			不需用	12 000	
18	1602	累计折旧			181 310
19	1604	在建工程	设备安装工程	37 120	
20	1701	无形资产	专利权	22 600	
21	1702	累计摊销			4 500
22	2101	短期借款			231 000
23	2111	应付票据	南京宏大公司		19 000
24	2121	应付账款	市用电管理所		1 350
			鲁发公司		92 306
			济南深大公司		56 480
			青岛机械厂		56 200
25	2205	预收账款	烟台华远公司		10 200
26	2181	其他应付款	工会经费、厂工会		5 000
			市总工会		4 000

续表

序号	代码	总账科目	明细科目	借方余额	贷方余额
27	2211	应付职工薪酬	福利费		19 400
28	2221	应交税费	应交所得税		7 946.8
			应交个人所得税		6 685
			未交增值税		4 819.81
			应交城建税		337.39
29		应付债券	成本		25 000
			利息调整		2 420
30	2301	长期借款			104 000
31	4401	实收资本	国有资产管理局		858 000
			山东投资公司		318 000
			鲁航公司		210 000
32	4402	资本公积			11 659
33	4101	盈余公积	法定盈余公积		35 125
			任意盈余公积		17 560
34	4104	利润分配	盈余公积	17 500	
			任意盈余公积	8 750	
35	4103	本年利润			175 000

表 2-3 原材料明细账 金额单位：元

材料名称	单位	数量	计划单价	金额
甲材料	kg	13 537	5	67 685
乙材料	kg	10 500	4	42 000
丙材料	kg	11 000	1.6	17 600
合计		127 285		

表 2-4 库存商品明细账 金额单位：元

产品名称	单位	数量	单位成本	金额
CO1 产品	件	7 000	21.5	150 500
CO2 产品	件	5 000	17.4	87 000
合计		237 500		

表 2-5 基本生产成本明细账 金额单位：元

产品名称	月初结存数量（件）	直接材料	直接人工	制造费用	合计
CO1 产品	1 200（件）	14 640	7 200	1 800	23 640
CO2 产品	1 250（件）	10 750	4 250	760	15 760
合计		39 400			

2. 11 月份会计报表如表 2-6 和表 2-7 所示。

表 2-6		损 益 表		工会 02 表
制表单位：建设机械加工厂		2012 年 11 月		金额单位：元

项　目	行　次	本月数	本年累计数
		01	02
一、主营业务收入	01	173 840	1 834 900
减：销售折扣与折让	02	/	/
主营业务收入净额	03	170 800	1 834 900
减：主营业务成本	04	118 600	1 290 917
主营业务费用	05	9 620	96 712
营业税金及附加	06	2 040	20 327
	07		
	08		
	09		
二、主营业务利润	10	40 540	426 944
加：补贴收入	11		
	12		
	13		
三、主营业务利润	14	40 540	426 944
加：其他业务利润	15	3 040	31 280
减：管理费用	16	12 100	126 430
财务费用	17	7 000	74 390
汇兑损失	18		
	19		
四、营业利润	20	24 480	257 404
加：投资收益	21	/	11 639
营业外收入	22	2 000	16 280
减：营业外支出	23	2 400	24 129
	24		
五、利润总额	25	24 080	261 194
减：所得税	26	7 916.40	86 194
六、净利润	27	16 163.60	175 000

表 2-7   资 产 负 债 表   工会 01 表

编制单位：建设机械加工厂   2012 年 11 月   金额单位：元

资 产	期末余额	年初余额	负债和所有者权益（或股东权益）	期末余额	年初余额
流动资产：			流动负债：		
货币资金	247 764	223 500	短期借款	231 000	70 000
交易性金融资产	20 000		交易性金融负债		
应收票据	21 000		应付票据	19 000	
应收账款	497 630	238 249	应付账款	206 336	25 105
预付账款	6 970	9 000	预收账款	10 200	
应收利息			应付职工薪酬	19 400	19 900
应收股利			应交税费	9 788.6	24 260
其他应收款	14 940	30 030	应付利息		48 000
存货	418 685	402 040	应付股利		49 040
一年内到期的非流动资产			其他应付款	9 000	2 569
其他流动资产			一年内到期的非流动负债		
流动资产合计	1 226 989	902 819	其他流动负债		
非流动资产：			流动负债合计	514 724.8	238 874
可供出售金融资产			非流动负债：		
持有至到期投资	14 200		长期借款	104 000	210 000
长期应收款			应付债券	27 420	
长期股权投资	300 000	300 000	长期应付款		
投资性房地产			专项应付款		
固定资产	648 830	631 780	预计负债		
在建工程	37 120		递延税款负债		
工程物资			其他非流动负债		
固定资产清理			非流动负债合计	131 420	210 000
生产性生物资产			负债合计	646 144.8	448 874
油气资产			所有者权益（或股东权益）：		
无形资产	18 100	35 030	实收资本（或股本）	1 386 000	1 386 000
开发支出			资本公积	11 659	8 320
商誉			减：库存股		
长期待摊费用			盈余公积	52 685	26 435

续表

资　产	期末余额	年初余额	负债和所有者权益 （或股东权益）	期末余额	年初余额
递延税款资产			未分配利润	148 750	
其他非流动资产			所有者权益（或股东权益）合计	1 599 094	1 420 755
非流动资产合计	1 018 250	966 810			
资　产 总　计	2 245 239	1 869 629	负债和所有者权益 （或股东权益）总　计	2 245 239	1 869 629

【任务要求】

1. 手工登记现金日记账、银行存款日记账、总账和明细账的期初数。
2. 电算化系统初始设置。

二、会计混岗业务处理

【任务引入】

本实训任务主要包括：基本实践技能培养、出纳岗位能力培养、会计核算能力培养和会计管理能力培养。在职业岗位能力的培养过程中，课程可通过混岗实训、小组作业等实训方式的设计与运用，培养学生的职业道德规范，强化遵守财经法规，认知会计职业环境，提高交流与沟通能力。

复习、回顾各会计岗位的职责。

【基本资料】

企业 2011 年 12 月份发生的经济业务文字说明如下。

业务内容提示

题　号	业务性质和内容	题　号	业务性质和内容
1	材料采购及入库	13	用现金购买印花税票
2	提现补足库存	14	材料采购及入库
3	王郴预借差旅费	15	支付餐费
4	用备用金购买文件柜及办公品	16	付银行手续费
5	债券投资	17	销售商品
6	购买股票	18	购买甲材料及入库
7	供应科刘正预借差旅费	19	支付信用担保费
8	出售甲材料	20	支付职工及家属医药费
9	收回上月托收货款	21	支付修理费及购买硒鼓费
10	支付广告费	22	设立定额备用金
11	报销办公用品费，补足备用金	23	借支差旅费及报销
12	销售 CO1、CO2 产品	24	固定资产报废

题　号	业务性质和内容	题　号	业务性质和内容
25	购买专利技术	58	购买办公用品
26	接受专利捐赠	59	支付补助
27	向银行申请贴现	60	工资费用的分配
28	购买面包车	61	提取福利费及分配提取工会经费
29	采购甲材料及入库	62	偿还借款
30	划回托收货款	63	出售 CO1、CO2 产品
31	预付 2010 年 1—12 月排污费	64	支付广告费
32	报销差旅费、补付现金	65	报销业务招待费
33	申请银行汇票	66	购买甲材料
34	汇总本月管理费用	67	钻床安装完工交付使用
35	销售 CO1、CO2 产品	68	收到兴旺公司银行承兑汇票
36	购买药品	69	缴纳增值税、城建税、教育费附加
37	支付上月电费	70	收到 B 工厂退回包装物押金
38	购买丙、乙材料	71	交付车船使用税、房产税及土地使用税
39	向银行申请借款	72	本厂浴池交来出售洗澡票所获收入
40	汇总本月管理费用	73	支付本年排污费
41	支付职工医疗保险	74	核销坏账损失
42	发放工资	75	销售 CO1、CO2 产品
43	出售 CO1、CO2 产品	76	购进丙材料
44	出售甲材料、乙材料	77	分配材料费用
45	购买甲材料	78	销售 CO1、CO2 产品
46	收回托收货款	79	无形资产等摊销
47	办公室报销邮费	80	分配辅助生产成本
48	从银行借长期借款	81	分配制造费用
49	支付本月电话费	82	收到大名公司承付货款
50	支付前欠货款	83	卖出股票
51	计提本月固定资产折旧	84	材料清查
52	支付电机修理费	85	预付办公楼工程款
53	支付本月水电费及分配水电费	86	报销招待费
54	缴纳上月应交个人所得税	87	产品成本计算
55	上交上月计提的工会经费	88	结转已售产品成本
56	销售 CO1、CO2 产品	89	公允价值变动
57	承兑商业汇票	90	支付前欠货款

续表

题　号	业务性质和内容	题　号	业务性质和内容
91	计提坏账准备金	97	结转本年利润
92	缴纳养老保险金	98	计算所得税
93	投资分红	99	结转利润分配
94	支付食堂伙食费、区房管所房租	100	年终结转有关账户
95	非货币性资产交换	101	或有事项业务处理
96	计算本月应交增值税、城建税、教育费附加		

（一）原始凭证（2012 年 12 月上旬）

1-1   1

3700123140   山东省增值税专用发票   No.08168874
                              发票联   开票日期 2012 年 12 月 1 日

购货单位	名　　　称：**建设机械加工厂**						密码区	78303#80023403-03+04545433 549343-586*=4540232-873872 39483×434	
	纳税人识别号：371482085878456								
	地址、电话：**德州市向阳路 75 号 0534-2557501**								
	开户行及账号：工商银行向阳分理处 085878								

货物及应税劳务名称	规格型号	单位	数量	单价	金额	税率	税额
乙材料		千克	5000	5.00	25000	17%	4250
丙材料		千克	1000	2.00	2000	17%	340
合　　　计					27000		4590

价税合计（大写）	⊗ **叁万壹仟伍佰玖拾元整**	（小写）¥31590

销货单位	名　　　称：南京宏大公司	备注
	纳税人识别号：543210987654321	
	地址、电话：	
	开户行及账号：0133688	

收款人：张和   复核：   开票人：   销货单位：（章）

第三联发票联购货方记账凭证

运 费 结 算 单

1-2   2

填制时间：**2012 年 12 月 1 日**   No. 245876

托运单位	**南京宏大公司**	接收单位或起讫地点	**建设机械加工厂**
运输货物	**材料 6000 千克**		
运费金额	人民币（大写）**贰仟肆佰元整** 小写：¥2400 元		
验收情况	如数收到	验收人**刘江**	

承运单位：

经手人：**王平**

1-3

商业承兑汇票（存　根）

3

汇票号码：9876

出票日期：**贰零壹贰年壹拾贰月零壹日**

第　号

收款人	全　　称	南京宏大公司	付款人	全　　称	建设机械加工厂
	账　　号	0133688		账　　号	085878
	开户银行	琼枝办事处　行号		开户银行	德州工商银行　行号

出票金额	人民币（大写）**贰万柒仟零佰贰拾元整**	千百十万千百十元角分 ￥2 7 0 2 0 0 0 0

汇票到期日	2012 年 12 月 21 日	交易合同号码	302

备注：		负责：　　　　经办：

1-4

4

材料采购运费分配表

2012 年 12 月 1 日

发货单位	南京宏大公司			
材料名称	分配标准（千克）	分配率	分配金额	备注
乙材料	5 000			
丙材料	1 000			
合　计	6 000			

制单人：惠丽

1-5

材料入库验收单

5

材料类别：

供货单位：

编　　号：

发票号码：

验收时间：**2012 年 12 月 1 日**

收料仓库：

品　名	规格	单位	数量		实际价格				计划价	
			来料数	实际数	单价	总价	运费	合计	单价	总价
丙材料		千克	1 000	1 000	2.00	2 000			1.60	1 600
乙材料		千克	5 000	5 000	5.00	25 000			4.00	20 000
合　计						27 000				21 600

供销主管：张朋　　　验收保管：王一帆　　　采购：孙娜　　　制单：惠丽

1-6

收　　据

2012 年 11 月　4 日

6

今收到：建设机械加工厂

人民币：陆仟玖佰柒拾元整　　　　　　　￥6970.00

系　付：预付货款　　　　　　　　　　经手人：赵家瑞

2

7

中国工商银行
转账支票存根
39087309
87236145

附加信息

出票日期　2012 年 12 月 1 日

收款人：	
金　额：1 800.00	
用　途：补充库存	

单位主管：刘正　　会计：王敏

3

8

借款单

2012 年 12 月 1 日

借　款单　位	业务部	姓名	王郴		级别		出差地点	武汉
							天数	
事　由	预借差旅费		借款金额（大写）	伍佰元整			￥500.00	
单　位负责人签　署	刘洋		借款人签章	王郴		注意事项	一、有*者由借款人填写二、凡借用公款必须使用本单三、第三联为正式借据由借款人和单位负责人签章四、出差返回后三日内结算	
会计主管审批	王敏		出纳	刘兰			现金付讫	

4-1　　　　　　　　山东省商业零售限额发票　　　　　　　　9

发　票　联　　　　　　　No.0832792

单位：**建设机械加工厂**　　　　　　　*2012* 年 *12* 月 *2* 日

货物名称	规格	单位	数量	单价	金　额								备　注
					十	万	千	百	十	元	角	分	
文件柜		个	1	*287*			2	8	7	0	0		限 1000 元以内填开，超限额无效
合计人民币（大写）　⊗拾⊗万⊗仟贰佰捌拾柒元零角零分					¥287.00								

开票人：**赵三**　　　　　收款人：　　　　　　　开票单位：（无盖章无效）

②发票联

4-2　　　　　　　　山东省商业零售限额发票　　　　　　　10

发　票　联　　　　　　　No.0027761

单位：**建设机械加工厂**　　　　　　　*2012* 年 *12* 月 *2* 日

货物名称	规格	单位	数量	单价	金　额								备　注
					十	万	千	百	十	元	角	分	
记账凭证		册	5	2.00					1	0	0	0	
账页		册	5	7.00					3	5	0	0	
合计人民币（大写）⊗拾⊗万⊗仟⊗佰肆拾伍元零角零分					¥45.00								

开票人：**孙杉**　　　　　收款人：**孙同**　　　　　开票单位：（未盖章无效）

②发票联

4-3

收　　据

2012 年 *12* 月 *2* 日

今收到：**财务科**

人民币（大写）：**叁佰叁拾贰元整**

系　付：**补足备用金**

单位部门：**总务科**　　会计：**王敏**　　出纳：**刘兰**　　经手人：**王琳**

5-1

12

投资银行有价证券代保管单

2012 年 *12* 月 *2* 日　　　No.045321

申请保管人	建设机械加工厂	单位及电话		0534-2557501					保管明细表		
			万	千	百	十	元	角	分	名称	张数	面值
面值总额	(大写)伍万元整	¥	5	0	0	0	0	0	0	滨海房屋开发公司企业债券	1000	50
保管期限	自 2012 年 12 月 2 日至 2015 年 12 月 2 日									三年期		
保管费率%		保管费										

备注：
1. 一年为一个保管期，不足一年按一年收费，逾期不足一年，逾期时间按一年算。
2. 本保管单不得流通、抵押、转让。
3. "名称"栏内应注明何种债券及具体发债单位。
4. 提取证券是凭身份证办理

受托单位：（盖章）

经办人员：

复核人员：

投资银行德州市分行 业务专用章

吴江

张天会

第四联　领取保管券凭证

5-2   13

中国工商银行
转账支票存根
39087309
85876051

附加信息 _____

_____

出票日期　*2012* 年 *12* 月 *2* 日

| 收款人：东风化工厂 |
| 金　额：51000.00 |
| 用　途：购买债券 |

单位主管：刘正　　会计：王敏

---

6   14

上海证券中央登记清算公司

998866		成交过户交割凭单		买
股东编号：	A128456	成交证券		长城股份
电脑编号：	85461	成交数量		2000
公司编号：	763	成交价格		12
申请编号：	345	成交金额		23985
申报时间：	10:32	标准佣金		10
成交时间：	11:45	过户费用		5
上次余额：	305(股)	印花税		
本次成交：	2000(股)	应收金额		
本次金额：	2305(股)	附加费用		
本次库存：		公允价值		24000

（证券公司签章）

经办单位：　　　　　　　　　客户签章：建设机械厂　日期2012 年 12 月 2 日

7

借　款　单

15

2012 年 *12* 月 *3* 日　　　　　　　　　　No. 08517

借款单位	供应科	
借款理由	采购材料	
借款金额：人民币(大写)陆佰元整		¥600.00
本单位负责人签字：周涛		借款人(签章)　刘正
领导批示： 　王大明	会计主管核批： 　李彬	付款记录： 　现金付讫

- -

8-1

中国工商银行进账单（回单）①

16

2012 年 *12* 月 *3* 日

出票人	全　称	银都公司	收款人	全　称	建设机械加工厂	千	百	十	万	千	百	十	元	角	元
	账　号	35667		账　号	085878										
	开户银行	东街分理处		开户银行	德州工商银行										
人民币 （大写）肆万贰仟壹佰贰拾元整							¥	4	2	1	2	0	0	0	0
票据种类		银行本票	中国工商银行德州分行 2012.12.3 收款人开户银行签章												
票据张数		1													
单位主管：　　会计： 复核：　　　　记账：															

此联是收款人开户银行交给收款人的回单

8-2

17

3700123143

山东省增值税专用发票

此联不做报销、扣税凭证使用

No.08168879

开票日期 **2012** 年 **12** 月 **3** 日

购货单位	名　　　称：	**银都公司**						密码区	9436253*204+4354602433-35 3674235#40390583+54-47-53 346206		第一联记账联销货方记账凭证
	纳税人识别号：	370987654321									
	地址、电话：	**上海市**									
	开户行及账号：	35667									

货物及应税劳务名称	规格型号	单位	数量	单价	金额	税率	税额
甲材料		公斤	6000	6.00	36000	17%	6120
合　　　计					¥36000		¥6120

价税合计（大写）	⊗肆万贰仟壹佰贰拾元整	（小写）¥42120

销货单位	名　　　称：	**建设机械加工厂**	备注	
	纳税人识别号：	371482085878456		
	地址、电话：	**德州市向阳路75号**		
	开户行及账号：	**085878**		

收款人：　张华　　　　复核：　　　　　　开票人：　　　　　　销货单位：（章）

8-3

18

材 料 出 库 单

2012年 12月 3日　　　　发 料 第 058 号　　仓库：

材料编号	材料名称	规格	单位	请领数量	实发数量	单价	金额
	甲材料		**千克**	6000	6000	5.00	30000.00
附注							

用　途		领料部门		发料部门	
		负责人	领料人	核准人	发料人

记账：　　　　　　保管：　　　　　　制票：

9-1

（邮）

工商银行托收承付凭证(收账通知)

19

委托日期 *2012* 年 *11* 月 *5* 日   托收号码：

	承付期限
	到期 2012 年 12 月 10 日

	全　　称	辽原工厂		全　　称	建设机械加工厂		
付款人	账号或地址	5884277313	收款人	账　　号	085878		
	开户银行	工行辽原市分行中山路分理处		开户银行	工行向阳分理处	行号	851

托收金额	人民币 (大写) 叁拾万柒仟叁佰伍拾元整	千	百	十	万	千	百	十	元	角	分
			¥	3	0	7	3	5	0	0	0

附　　件		商品发运情况	合同名称号码
附寄单证张数或册数	3	铁路运输	购销合同 95-206

备注：	上列项款已由付款人开户行全额 划回并收入你方账户内。 此致 　　　收款人： （收款人开户行盖章）　　月　日 2012.12.03	科目（借） 对方科目 .... 转账 20 年 月 日 单位主管：　　会计： 复核：　　记账：

付款人：　开户行：　收到日期：2012 年 12 月 10 日 支付日期：2012 年 12 月 9 日

此联是收款人开户银行给收款人的收账通知

9-2

统一收款收据

20

记 账 联

2012 年 *12* 月 *3* 日   No.109210

缴款单位（人）	许青		
款项内容	代整运费收回	收款方式	托收承付
人民币（大写）	叁仟壹佰伍拾元整	¥3 150.00	
备注	原借支票 1 张	收款单位盖章	收款人签章 王玉梅

第二联记账

（财务专用章）

10-1

行政事业性收款收据（3）

21

2012年 12月 4日　　　　　　　　No.1432

交款单位	建设机械加工厂	支付方式		转账支票								
人民币（大写）叁仟贰佰元整			千	百	十	万	千	百	十	元	角	分
						¥	3	2	0	0	0	0
收费项目	电视广告费	许可证号码		德字（01543）								
收费标准		计费基数										

上述款项依据鲁发（字2001年 第01号等上级文件规定收讫无误收款单位专用章：电视台	会计主管人员	出纳人	收款人	交款人

此联给交费单位做报销依据

使用规定：①凡经批准已领取收费单位，均应使用市财政局制发的本收费收据。
②本收据复写一式四联，不得涂改，如写错，不得撕毁，要保留存查。

10-2

22

中国工商银行
转账支票存根
39087309
87236146

附加信息 _____

_____

出票日期　2012年 12月 4日

收款人：德州市广播电视台
金　额：3200.00
用　途：广告费

单位主管：刘正　　会计：王敏

11-1   23

山东省增值税专用发票   No.08168876

3700123142

发票联

开票日期 2012 年 12 月 4 日

购货单位	名　称：建设机械加工厂 纳税人识别号：371476549821123 地址、电话：德州市向阳路75号 0534-2557501 开户行及账号：工行向阳分理处 085878				密码区	03540860-395+435406675025 #05440*4304930-3584584051 3434343=			第三联发票联购货方记账凭证
货物及应税劳务名称	规格型号	单位	数量	单价	金额	税率	税额	
稿　纸		本	100	3.00	300.00	17%	51.00	
墨　水		瓶	30	2.00	60.00	17%	10.20	
合　计					¥360.00		¥61.20	

价税合计（大写） ⊗ 肆佰贰拾壹元贰角零分　（小写）¥421.20

销货单位	名　称：德州市东方文具商店 纳税人识别号：371476549821123 地址、电话：向阳路18号 37436915 开户行及账号：工行向阳分理处 2718264499	备注	东方文具商店 税号：371476549821123 发票专用章

收款人：李向群　　复核：　　开票人：刘佳　　销货单位：（章）

11-2   24

山东省增值税专用发票   No.08168876

3700123142

抵扣联

开票日期 2012 年 12 月 4 日

购货单位	名　称：建设机械加工厂 纳税人识别号：371476549821123 地址、电话：德州市向阳路75号 0534-2557501 开户行及账号：工行向阳分理处 085878				密码区	03540860-395+435406675025 #05440*4304930-3584584051 3434343=			第二联抵扣联购货方扣税凭证
货物及应税劳务名称	规格型号	单位	数量	单价	金额	税率	税额	
稿　纸		本	100	3.00	300.00	17%	51.00	
墨　水		瓶	30	2.00	60.00	17%	10.20	
合　计					¥360.00		¥61.20	

价税合计（大写） ⊗ 肆佰贰拾壹元贰角零分　（小写）¥421.20

销货单位	名　称：德州市东方文具商店 纳税人识别号：371476549821123 地址、电话：向阳路18号 37436915 开户行及账号：工行向阳分理处 2718264499	备注	东方文具商店 税号：371476549821123 发票专用章

收款人：李向群　　复核：　　开票人：刘佳　　销货单位：（章）

11-3

办公用品验收单

25

单位：总务科　　　　　　　　*2012* 年 *12* 月 *4* 日

品名	规格	单位	数量	单价	金额	备注
稿纸	单格	本	100	3.00	300.00	直接由各
墨水		瓶	30	2.00	60.00	部门领用
合计			现　金　付　讫		¥360.00	

单位负责人：安康　　　　　　采购：李洪　　　　　　　　验收：马良

二记账

11-4

办公用品领用单

26

领用部门：生产车间　　　　　*2012* 年 *12* 月 *4* 日　　　　　　字第 046 号

品　名	规　格	单　位	数　量		单　价	金　额
			请　领	实　发		
稿纸	单格	本	30	30	3.00	90.00
墨水		瓶	8	8	2.00	16.00
合　计						¥106.00

单位负责人：吴起明　　　　　　　　　　　　领料人：齐辉

二联财务记账

11-5

办公用品领用单

27

领用部门：机修车间　　　　　*2012* 年 *12* 月 *4* 日　　　　　　字第 047 号

品　名	规　格	单　位	数　量		单　价	金　额
			请　领	实　发		
稿纸	单格	本	10	10	3.00	30.00
墨水		瓶	2	2	2.00	4.00
合　计						¥34.00

单位负责人：周立群　　　　　　　　　　　　领料人：纪云

二联财务记账

11-6

办公用品领用单

28

领用部门：行政科室　　　　　*2012* 年 *12* 月 *4* 日　　　　　　字第 048 号

品　名	规　格	单　位	数　量		单　价	金　额
			请　领	实　发		
稿纸	单格	本	60	60	3.00	180.00
墨水		瓶	20	20	2.00	40.00
合　计						¥220.00

单位负责人：何永红　　　　　　　　　　　　领料人：赵海林

二联财务记账

12-1

火车货物运费结算单

2012年12月4日   第   号

		交收货单位
发货单位：**建设机械加工厂**	说明：**代明星公司整付**	
收货单位：**明星公司**	由收货单位负担	
承运单位：**四通铁路局**	里程：300公里	
货物件数：**18件**	运费：800.00	人民币（大写）：捌佰元整

经办人：   （有关人盖章）

12-2   30

3700123140   山东省增值税专用发票   No.08168874

此联不做报销、扣税凭证使用   开票日期 2012 年 12 月 4 日

购货单位	名　　称：**明星公司**	密码区	439550285-54548#035—343054-63	第一联记账联
	纳税人识别号：371435980543064		448603+546463-8*3-4354566897086	
	地址、电话：**顺河路398号**		4556*	
	开户行及账号：3502937			

货物及应税劳务名称	规格型号	单位	数量	单价	金额	税率	税额
C01	号	件	900	30.00	27000.00	17%	4590.00
C02		件	900	26.00	23400.00	17%	3978.00
合　　计					¥50400.00		¥8568.00

价税合计（大写）	⊗ **伍万捌仟玖佰陆拾捌元整**	（小写）¥58968.00

销货单位	名　　称：**建设机械加工厂**	备注
	纳税人识别号：371482085878456	
	地址、电话：德州市向阳路75号 0534-2557501	
	开户行及账号：工商银行向阳分理处 085878	

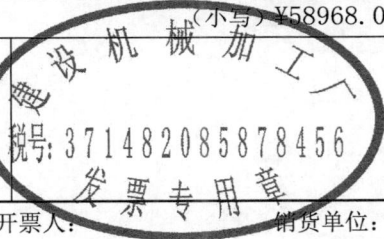

收款人：   复核：   开票人：   销货单位：（章）

12-3   31

中国工商银行
转账支票存根
39087309
87209372

附加信息

_____

出票日期 2012 年 12 月 9 日

收款人：四通铁路局
金　额：800.00
用　途：代垫运费

单位主管：**刘正**   会计：**王敏**

12-4

32

托收承付凭证（回单）1

托收号码：0334

委托日期 2012 年 12 月 14 日

付款人	全　称	明星公司	收款人	全　称	建设机械加工厂
	账号或地址	3502937		账　号	085878
	开户银行	西城区支行		开户银行	德州工商银行　行号

托收金额	人民币（大写）	⊗伍万玖仟柒佰陆拾捌元零角零分	千百十万千百十元角分 ¥5 9 7 6 8 0 0

附件

商品发运情况　　　合同名称号码

附寄单证张数或册数	2	

中国工商银行德州市支行
2012.12.04
付讫

备注：

电划　款项收妥日期 2012 年 12 月 14 日　　收款人开户银行盖章

单位主管：　会计：　复核：　记账：　付款单位开户银行盖章

此联是收款人开户银行给收款人的回单

13

中华人民共和国

印花税票销售凭证

地

33

填发日期：2012 年 12 月 5 日　　No.02718547

购买单位	建设机械加工厂		购买人		
购买印花税票					
面值种类	数量	金额	面值种类	数量	金额
壹角票			伍元票	1	5.00
贰角票			拾元票	2	20.00
伍角票			伍拾元票	1	50.00
壹元票			壹佰元票		
贰元票			总计		75.00

金额总计（大写）：⊗柒拾伍元整　　¥：75.00

销售单位（盖章）	售票人（盖章）	备注：现金结算

14-1   34

3700123140   **山东省增值税专用发票**   No.08168874

发票联   开票日期 *2012* 年 *12* 月 *5* 日

| 购货单位 | 名 称：建设机械加工厂
纳税人识别号：371482085878456
地址、电话：德州市向阳路75号 0534-2557501
开户行及账号：工行向阳分理处 085878 | 密码区 | 123953545-*43-535865322
3245-5-063+6421903-1133
765123 | | | | 第三联 发票联 购货方记账凭证 |

货物及应税劳务名称	规格型号	单位	数量	单价	金 额	税率	税 额
甲材料		kg	10000	5.10	51000.00		8670.00
乙材料		kg	300	4.27	1281.00	17%	217.77
丙材料		kg	2100	1.70	3570.00	17%	606.90
合 计					¥55851.00	17%	¥9494.67

价税合计（大写） ⊗ 陆万伍仟叁佰肆拾伍元陆角柒分 （小写）¥65345.67

| 销货单位 | 名 称：德州市东风化工
纳税人识别号：371409836169254
地址、电话：向阳路18号 37436915
开户行及账号：工行向阳分理处 4175936622 | 备注 | 税号：371409836169254 |

收款人：   复核：孙晚梅   开票人：马华   销货单位：（章）

14-2   35

3700123140   **山东省增值税专用发票**   No.08168874

抵扣联   开票日期 *2012* 年 *12* 月 *5* 日

| 购货单位 | 名 称：建设机械加工厂
纳税人识别号：371482085878456
地址、电话：德州市向阳路75号 0534-2557501
开户行及账号：工行向阳分理处 085878 | 密码区 | 123953545-*43-535865322
3245-5-063+6421903-1133
765123 | | | | 第二联 抵扣联 购货方扣税凭证 |

货物及应税劳务名称	规格型号	单位	数量	单价	金 额	税率	税 额
甲材料		kg	10000	5.10	51000.00	17%	8670.00
乙材料		kg	300	4.27	1281.00	17%	217.77
丙材料		kg	2100	1.70	3570.00	17%	606.90
合 计					¥55851.00		¥9494.67

价税合计（大写） ⊗ 陆万伍仟叁佰肆拾伍元陆角柒分 （小写）¥65345.67

| 销货单位 | 名 称：德州市东风化工
纳税人识别号：371409836169254
地址、电话：向阳路18号 37436915
开户行及账号：工行向阳分理处 4175936622 | 备注 | 税号：371409836169254 |

收款人：   复核：孙晚梅   开票人：马华   销货单位：（章）

14-3

中国工商银行
转账支票存根
39087309
85876051

附加信息 _____

_____

出票日期 *2012* 年 *12* 月 *5* 日

| 收款人：东风化工厂 |
| 金　　额：*65345.67* |
| 用　　途：支付购料款 |

单位主管：*刘正*　　会计：*王敏*

14-4

建设机械加工厂

物资验收入库单

收料仓库 *甲材料*　　　　　　*2012* 年 *12* 月 *5* 日　　　　验字 121 号

供货单位	托收承付日期	到货日期	发　站	发货票号	运输方式	技术资料	提货人	四验收后转财务核算
东风化工厂		12月5日		3927561	自提			

器材编号	物资名称	规格型号	单位	数量		实际价格				计划价格		备注	
				应收	实收	买价	运杂费	实际单价	总价	单价	总价		
2-10	甲材料		kg	10000	10000	51000		5.1	51000	5	50000		
制单	马立伟	验收	齐建			验收日期		12月5日					

14-5

建设机械加工厂

物资验收入库单

收料仓库 *乙材料*　　　　　　*2012* 年 *12* 月 *5* 日　　　　验字 121 号

供货单位	托收承付日期	到货日期	发　站	发货票号	运输方式	技术资料	提货人	四验收后转财务核算
东风化工厂		12月5日		3927561	自提		王云	

器材编号	物资名称	规格型号	单位	数量		实际价格				计划价格		备注	
				应收	实收	买价	运杂费	实际单价	总价	单价	总价		
2-08	乙材料		kg	300	300	1281		4.27	1281	4	1200		
制单	马立伟	验收	齐建			验收日期		12月5日					

14-6

建设机械加工厂

39

<u>物资验收入库单</u>

收料仓库 *丙材料*　　　　　*2012* 年 *12* 月 *5* 日　　　　　验字 <u>121</u> 号

供货单位	托收承付日期	到货日期	发　站	发货票号	运输方式	技术资料	提货人	四验收后转财务核算
东风化工厂		12月5日		3927561	自提			

器材编号	物资名称	规格型号	单位	数量		实际价格				计划价格		备注
				应收	实收	买价	运杂费	实际单价	总价	单价	总价	
2-09	丙材料		kg	2100	2100	3570		1.7	3570	1.6	3360	
制单	马立伟	验收	齐建		验收日期			12月5日				

15-1

40

山东省国家税务局通用定额发票

发 票 联

现金付讫

发票代码 137041150142

发票号码 04908818

密码 ▇▇▇▇

壹佰元 ★

（加盖发票专用章有效）

15-2   41

山东省国家税务局通用定额发票 现金付讫

发 票 联

发票代码 137041150142

发票号码 04908818

密码 ▅▅▅▅

壹佰元 专用章

（加盖发票专用章有效）

15-3   42

山东省国家税务局通用定额发票 现金付讫

发 票 联

发票代码 137041150142

发票号码 04908818

密码 ▅▅▅▅

壹佰元

（加盖发票专用章有效）

15-4   43

德州市饮食业专用限额发票

发 票 联   德州

开票日期：*2012* 年 *12* 月 *5* 日   （X X A）   No.0035020

付款户名		建设机械加工厂			付款方式					现 金		②
项 目	单 位	数 量	单 价	金 额					备 注			
				百	十	元	角	分				
餐费					6	0	0	0	本发票填开金额超过壹佰元无效			
合 计（大写） 陆拾零元零角零分									专用章			
人民币				¥	6	0	0	0				

本次消费总额：¥360.00   附定额发票 3 张   号码：01486241-243

开票人：*钱江*   收款人：*何琳*   收款单位(未盖章无效)

---

16   # 中国工商银行德州市分行结算业务收费凭证   44

2012 年 *12* 月 *6* 日

缴费单位户名	建设机械加工厂		账 号		085878								
结算内容	收费种类	笔 数	手续费					邮电					
			百	十	元	角	分	百	十	元	角	分	
汇兑	信汇	1			2	0	0			5	0	0	
	电汇												
异地托收承付	邮划												
	电划												
异地委托收款	邮划												
	电划												
限额结算													
同城托收无承付													
票汇		1			5	0	0			5	0	0	
小计					7	0	0			1	0	0	
手续费							千	百	十	元	角	分	
邮电费 合 计（大写）：人民币壹拾柒元整									¥	1	7	0	0

上列费用已在你单位账户支付   复核：阮玉   记账：张翠萍

17　　　　　　# 山东省货物销售统一发票　　　　　45

记账联

No. 1006392

2012 年 12 月 6 日　　　　客户名称：市广电中心

货号	货物名称	规格	单位	数量	单价	金额							
						万	千	百	十	元	角	分
	CO$_2$		件	75	26		1	9	5	0	0	0

第三联：记账联

合计人民币（大写）	⊗壹仟玖佰伍拾零元零角零分	¥1950.00

开户银行		结算方式	现金	备注	
账　号		联系电话			

开票人：夏近　　　　　收款人：　　　　　开票单位：（未盖章无效）

- -

18-1　　　　　　# 汽车货物运费结算单　　　　　46

2012 年 12 月 6 日　　　　　　　　第　号

交收货单位

发货单位：鲁发公司	说明：建设机械加工厂整付
收货单位：建设机械加工厂	由收货单位负担
承运单位：畅通汽车运输队	里程：500 千米
货物件数：	运费：970.90	人民币(大写)：玖佰柒拾元零玖角整

（经办人盖章）

18-2

托收承付凭证（承付支款通知）

5   47

委托日期 *2012* 年 *12* 月 *6* 日   托收号码：8790

				承付期限		
				到期 2012 年 12 月 12 日		

付款人	全　　称	建设机械加工厂	收款人	全　　称	鲁发公司										
	账号或地址	085878		账　号	33133879										
	开户银行	德州工商银行		开户银行	虹口区支行	行号									

托收金额	人民币（大写）	⊗叁万陆仟柒佰柒拾贰元玖角零分	千	百	十	万	千	百	十	元	角	分
					￥	3	6	7	7	2	9	0

附　　件		商品发运情况	合同名称号码
附寄单证张数或册数	2	发　运	09-23

备注：	付款人注意：
电划	1. 根据结算办法规定，上列 2012.11.12 超过承付期并未拒付时，即视工同全部承付。如系全额支付即以此联代支票通知；如遇延时付或部分支付时，再由银行另送延付或部分支付的支款通知。 2. 如需提前承付或多承诺付时，应另写书面通知送银行办理。 3. 如系全部或部份拒付，应在承付期限内另填拒绝承付理由书送银行办理

中国工商银行德州分行

单位主管：　　　　会计：惠丽　　　　复核：　　　　付款单位开户银行盖章

此联是收款人开户银行通知付款人按期承付货款的

承付—支款—通知

18-3   山东省增值税专用发票   48

3700123156

No.081692

发票联

开票日期 *2012* 年 *12* 月 *6* 日

购货单位	名　　　称	建设机械加工厂	密码区	356409-25-36463840354304-
	纳税人识别号：	371482085878456		3295305+24754603#35496568
	地址、电话：	向阳路 75 号 0534-2557501		8651-45*
	开户行及账号：	工行向阳分理处 085878		

货物及应税劳务名称	规格型号	单位	数量	单价	金　额	税率	税　额
甲材料		公斤	6000	5.10	30600.00	17%	5202.00
合　　计					￥30600.00		￥5202.00

价税合计（大写）	⊗叁万伍仟捌佰零贰元整	（小写）￥35802.00

销货单位	名　　　称	鲁发公司	备注
	纳税人识别号：	374600327820561	
	地址、电话：	虹桥东路 42 号	
	开户行及账号：	虹口区支行 3313879	

税号：374600327820561
发票专用章

收款人：李宝钢　　　　复核：　　　　开票人：　　　　销货单位：（章）

第三联 发票联 购货方记账凭证

18-4

材料入库验收单

验收时间： 2012 年 12 月 6 日

49

类别	原料及主要材料
发票编号	

编号	
来源	鲁发公司

品 名	规格	单位	数量		实际价格				计划价	
			来料数	实际数	单价	总价	运费	合计	单价	总价
甲材料		kg	6000	6000	5.10	30600			5.00	30000
合 计										

第三联 会计记账联

供销主管： 张朋　　　　验收保管： 谢亮　　　　采购： 陈祺　　　　制单： 乔磊

19-1

50

中国工商银行
转账支票存根
39087309
87236151

附加信息 _____

_____

出票日期　2012 年 12 月 8 日

收款人： 德州市财政局

金　额： 20236.78

用　途： 付担保金

单位主管： 刘正　　会计： 王敏

19-2

德州市财政局
行政事业性收费统一票证

德州

缴款单位（人）建设机械加工厂　2012年12月7日　　（2001）市财甲字　号

51

收费内容	计费数量	收费标准（单价）	金额							说明	
			十	万	千	百	十	元	角	分	字不收无迹得费效
中小企业信用担保				2	0	2	3	6	7	8	填涂单。写改位清，图楚不章，盖的
			¥	2	0	2	3	6	7	8	

第二联　交款人

合计人民币（大写）⊗拾贰万零仟贰佰叁拾陆元柒角捌分

收款单位（公章）　　　　　　　　　　　　　　收款人（章）　张进

20-1

德州市人民医院医疗费汇总结算单

2012年12月7日　　　　　No.42486

52

单　位	建设机械加工厂	医疗合同	
医疗人次	28人次	联单张数	30张
医疗费总计	人民币（大写）贰仟陆佰壹拾元整		¥2610.00
			德州市人民医院

20-2

建设机械加工厂职工医药费支出汇总表

2012年12月7日

53

职工姓名	全部药费金额	单据张数	核销基数	减去核销基数后应报		审批意见
				%	金额	
李龙等	1584	21	1584	100%	1584	同意报销，金伟等家属医药费发工资时一次扣回
家庭姓名	与职工称谓	单据张数	全部药费金额	核报金额		
				%	金额	
金庆等	子女	9	1026	50%	513	
合计					2097.00	
实报金额总计	人民币贰仟零玖拾柒元整					

20-3

中国工商银行
转账支票存根
39087309
87236861

附加信息

出票日期　*2012* 年 *12* 月 *7*

收款人：*德州市人民医院*

金　　额：*2610.00*

用　　途：*付医药费*

单位主管：*刘正*　　会计：*王敏*

21-1

中国工商银行
转账支票存根
39087309
87236862

附加信息

出票日期　*2012* 年 *12* 月 *7*

收款人：德州复印机厂

金　　额：*900.00*

用　　途：付修理费

单位主管：*刘正*　　会计：*王敏*

21-2

56

3700123156

山东省增值税专用发票

发票联

No.08168898

开票日期 2012 年 12 月 7 日

购货单位	名　称：建设机械加工厂				密码区	53064862865068+94834587 2546#4354-657-6-5383720 248610-35			
	纳税人识别号：371482085878456								
	地址、电话：向阳路 75 号 0534-2557501								
	开户行及账号：工行向阳分理处 085878								
货物及应税劳务名称	规格型号	单位	数 量	单价	金 额	税率	税 额
硒鼓及维修费			1	769.23	769.23	17%	130.77
合　　计					¥769.23		¥130.77
价税合计（大写）　⊗玖佰元整					（小写）¥900.00		
销货单位	名　称：德州复印机厂				备注				
	纳税人识别号：371455308651001								
	地址、电话:河西陈塘庄解放北路 260 号 28115566								
	开户行及账号：陈塘庄分理处 801000689								

收款人：　　　复核：　　　开票人：武丽　　　销货单位：（章）

22-1

57

中国工商银行
转账支票存根
39087423
87236186

附加信息

出票日期 2012 年 12 月 8 日

收款人：总务科

金　额：1000.00

用　途：备用金

单位主管：刘正　　会计：王敏

22-2

收　据

58

No.

2012 年 *12* 月 *8* 日

今 收 到：**财务科**

人 民 币：（大写）**壹仟元整**　　　　　¥1000.00

系　付：**总务科设立定额备用金**

单位盖章：**总务科**　　会计：**宵晨**　　出纳：**刘兰**　　　经手人：**王琳**

23-1

借 支 单

59

2012 年 *11* 月 *2* 日

工 作 部 门	**业务科**	职务	**科长**	姓名	**李江泽**	盖章	**李江泽**
借 支 金 额	**肆仟元整**			¥4000.00			
借 款 原 因	出差			附证件			
还 款 日 期	回厂后一周内						
批 核	同意　　厂长：		**赵 正**		本联供报销时销账		

第三联：报销联

会计：**宵晨**　　　出纳：**刘兰**　　　　制单：**章明**

23-2

差旅费报销单

60

报销部门：**业务科**　　　*2012* 年 *12* 月 *8* 日　　　附单据　　张

姓　　名	**李江泽**	职　务	**科长**	出差事由	**参加产品订货会**		
起日	止日	起讫地点	项目	张数	金额	项目	天数	金额
11.13	12.3	**德州-江峰**	火车费		2400	途中补助	20	400
			汽车费			会议费		800
			市内交通费			夜间乘车		
			住宿费		1000	其 他		
			小　计		3400	小　计		1200
	合　计		（大写）肆仟陆佰元整			¥：4600.00		
批准		财务核准		财务审核		部门审核		

23-3

收　　据

现金付讫　No.

2012 年 *12* 月 *8* 日

　　　　今收到：**财务科**

　　　　人民币：（大写）陆佰元整

　　　　系　付：**参加产品订货会差旅费扣原借款 4 000 元后补差额**

单位盖章：**业务科**　　　　会计：**肖晨**　　　　出纳：**刘兰**　　　　经手人：**李江泽**

24-1

固定资产报废单

2012 年 *12* 月 *8* 日

No. 0009

固定资产 名称及编号	规格 型号	单位	数量	预计使 用年限	已使用 年限	原始 价值	已提 折旧	备注
钻床		台	1	24	23	24000	23000	
固定资产状况 及报废原因	**因陈旧不能继续使用**							
处理意见	使用部门		技术鉴定小组		固定资产管理部门		主管部门审批	
	因设备陈旧		**情况属实**		**同意转入清理**		**同意报废**	

24-2

材料入库单

收料单位：**材料仓库**　　　*2012* 年 *12* 月 *8* 日　　　No.

材料 编号	材料 名称	规 格	计量 单位	数量	实际成本		备注
					单位成本	总成本	
	低耗品		件	7	100.00	700.00	**固定资产 清理的残料**
合计				7		700.00	

24-3   64

```
中国工商银行
转账支票存根
39087309
87236145

附加信息 _____
_____

出票日期  2012 年 12 月 8 日

收款人：工程队

金  额：500.00

用  途：支付清理费

单位主管：刘正    会计：王敏
```

24-4   **内部转账单**   65

项目	金额	备注
报废净值	1000	
残料收入	700	
清理费用	500	结转营业外支出账户
清理净损失（或收益）	800	

制表：张凤   复核：朱月平

25-1   **工商服务业统一收款收据**   66

收 据 联   No. 0832792

客户名称：建设机械加工厂   2012 年 12 月 9 日

项目	单位	数量	单价	十万	千	百	十	元	角	分	备注
热轧专利技术	项	1		6	0	0	0	0	0	0	该专利有效期限为 5 年
				¥	6	0	0	0	0	0	0
合计人民币（大写）		陆万元整									

收款   经办 高文玉   收款单位（盖章）

第二联收据联

25-2

中国工商银行
转账支票存根
39087309
87236177

附加信息

出票日期 *2012* 年 *12* 月 *9* 日

收款人：英才技术市场

金　额：*60000.00*

用　途：购专利

单位主管：*刘正*　　会计：*王敏*

26-1

专利权捐赠协议

经双方协商,专利权人王先生无偿向建设机械加工厂捐赠专利权,该项专利剩余有效期 4 年,经评估确认价值为 30000 元。

专利权人：王汉江

建设机械加工厂（章）

财务专用章

26-2

收　据

现金付讫　　　　第二联 交款通知　　　　No.

2012 年 *12* 月 *9* 日

今收到：*建设机械加工厂*

人民币（大写）：*伍佰元整*

系　付：*履行专利权捐赠仪式费用*

收费专用章

单位盖章：　　　　会计：*腾飞*　　出纳：*高峰*　　经手人：*赵华*

27

贴现凭证(收账通知)

70

填写日期 2012 年 12 月 10 日

第 号

付款人	全 称	建设机械加工厂	贴现汇票	种 类	银行承兑汇票	号码									
	账号或地址	085878		出票日	2012 年 8 月 10 日										
	开户银行	德州工商银行		到期日	2013 年 2 月 10 日										
汇票承兑人(或银行)		名称	光大公司	账号	356883		开户银行								

汇票金额 (即贴现金额)	人民币 (大写)贰万壹仟捌佰玤拾元整 (票面利率8%)	千	百	十	万	千	百	十	元	角	分
					¥	2	1	8	4	0	0 0

贴现率 每年	10%	贴现利息	千	百	十	万	千	百	十	元	角	分	实付贴现金额	千	百	十	万	千	百	十	元	角	分
							¥	3	6	4	0	0				¥	2	1	4	7	6	0	0

兹根据《银行结算办法》的规定，附送承兑汇票申请贴现，请审核。

此致

贴现银行
持票人盖章

银行审核

科目（付）_____
对方科目（收）_____

复核：   记账：

负责人：   信贷员：

由贴现人申请人作存款账户收入的凭证

28-1 　3700123140 　　山东省增值税专用发票 　　　　71
发票联 　　　　No.08168874

开票日期 2012 年 12 月 10 日

购货单位	名　称：建设机械加工厂				密码区	403585846856-22-5466444653 33213435+7420-24343364*263 2399284568			第三联 发票联 购货方记账凭证
	纳税人识别号：371482085878456								
	地址 、电话：向阳路75号 0534-2557501								
	开户行及账号：工行向阳分理处　085878								
货物及应税劳务名称	规格型号	单位	数量	单价	金额	税率	税额	
面包车	金杯2000	辆	1	120000.00	120000.00	17%	20400.00	
合　计					¥120000.00		¥20400.00	
价税合计（大写）　⊗壹拾肆万零肆佰元整						（小写）¥140400.00		
销货单位	名　称：渤海市顺达汽车销售公司				备注			
	纳税人识别号：467809336598461							
	地址 、电话：渤海市广东路101号 31952276							
	开户行及账号：工行向阳分理处 4175936622							

收款人：马林　　复核：李英梅　　开票人：王玉华　　　销货单位：（章）

28-2 　3700123140 　　山东省增值税专用发票 　　　　72
抵扣联 　　　　No.08168874

开票日期 2012 年 12 月 10 日

购货单位	名　称：建设机械加工厂				密码区	403585846856-22-5466444653 33213435+7420-24343364*263 2399284568			第二联 抵扣联 购货方扣税凭证
	纳税人识别号：371482085878456								
	地址 、电话：向阳路75号 0534-2557501								
	开户行及账号：工行向阳分理处　085878								
货物及应税劳务名称	规格型号	单位	数量	单价	金额	税率	税额	
面包车	金杯2000	辆	1	120000.00	120000.00	17%	20400.00	
合　计					¥120000.00		¥20400.00	
价税合计（大写）　⊗壹拾肆万零肆佰元整						（小写）¥140400.00		
销货单位	名　称：渤海市顺达汽车销售公司				备注			
	纳税人识别号：467809336598461							
	地址 、电话：渤海市广东路101号 31952276							
	开户行及账号：工行向阳分理处 4175936622							

收款人：马林　　复核：李英梅　　开票人：王玉华　　　销货单位：（章）

28-3

固定资产交接（验收）单

73

2012 年 *12* 月 *10* 日　　　　　　　　第 *1201* 号

固定资产编号	名称	规格型号	计量单位	数量	建造单位	建造编号	资金来源	附属技术资料
6-18	面包车	金杯 2000		1	沈阳客车制造厂	17865	自有	说明书

总 价	土建工程队	设备费	安装费	运杂费	包装费	其他	合计	预计年限	净残值率%	
		120000				20400	140400	10	4%	

附属设备或建筑				
验收意见	合格,交办公室使用	验收人签章　刘为	保管使用人签章　张海全	

29-1　　　3700123520

山东省增值税专用发票

No.08168887

74

发票联

开票日期 *2012* 年 *12* 月 *10* 日

购货单位	名　称：建设机械加工厂 纳税人识别号：371482085878 地址 、电话：向阳路 75 号 0534-2557501 开户行及账号：工行向阳分理处 085878	密码区	30565=-232904343590-253466 55344-343545*0301234546443 442983058

货物及应税劳务名称	规格型号	单位	数量	单价	金 额	税率	税 额
甲材料		公斤	6000	5.10	30600.00	17%	5202.00
合 计					¥30600.00		¥5202.00

价税合计（大写）	⊗ 叁万伍仟捌佰零拾贰元整	（小写）¥35802.00

销货单位	名　称：青岛机械加工厂 纳税人识别号：372809417856003 地址 、电话：康博路 112 号 开户行及账号：076382	备注：372809417856003

收款人：项好　　　复核：　　　　开票人：　　　　销货单位：（章）

第三联发票联购货方记账凭证

29-2

运费结算单

75

2012 年 *12* 月 *10* 日　　　　　　第　号

发货单位	青岛机械加工厂	备注：代建设机械加工厂整付		
收货单位	建设机械加工厂			
承运单位	二运输公司	车号：	吨位：6吨	里程：120公里
货物件数	6000kg	运费：550元	人民币大写	伍佰伍拾元整

承运单位签章　运费结算章　　　　　经手人　于中阳

29-3

委托收款凭证（支款凭证）

76

③： 托收号码：

委邮   委托日期 **2012** 年 **12** 月 **10** 日   付款期限：

收款单位	全 称	青岛机械加工厂		付款单位	全 称	建设机械加工厂											
	账号或地址	076382			账 号	085878											
	开户银行	科技信用社	行号		开户银行	中国工商银行											
托收金额	人民币（大写）⊗叁万陆仟叁佰伍拾贰元整						千	百	十	万	千	百	十	元	角	分	
									¥	3	6	3	5	2	0	0
款项内容	货款		委托收款凭据名称	发票、运单		附寄单证张数											
备注：		银行意见				科目（付）										
		收款意见				对方科目 （收）										
		开户行盖章				转账 年 月 日										
		月 日				复核员： 记账员：										

付款单位开户行收到日期   年 月 日

29-4

建设机械加工厂材料入库验收单

77

类别	原料及主要材料						类别	原料及主要材料	
发票编号		验收时间：**2012** 年 **12** 月 **10** 日					来源	青岛机械加工厂	

品 名	规格	单位	数量		实际价格				计划价	
			来料数	实际数	单价	总价	运费	合计	单价	总价
甲材料		kg	6000	6000	5.10	30600			5.00	30000
合 计			6000	6000		30600				30000

供销主管：**张朋**   验收保管：**谢亮**   采购：**陈祺**   制单：**乔磊**

（二）原始凭证（2012 年 12 月中旬）

30 **中国银行托收承付结算凭证(收账通知)** 78

委托日期 *2012* 年 *12* 月 *11* 日　　　　托收号码：

	承付期限	
	到期　　年　月　日	

付款单位	全　称	大明公司	收款人	全　称	建设机械加工厂
	账号或地址	06660168		账　号	085878
	开户银行	大华城市信用社	行号	开户银行	中国工商银行

托收金额	人民币(大写)伍万元整	千 百 十 万 千 百 十 元 角 分
		￥ 5 0 0 0 0 0 0

附　件	商品发运情况	合同名称号码
附寄单证张数或册数	2	发运	购货合同

备注：	上列项款已由付款人开户行全额划回并收入你方账户内。此致 电划 收款单位 （收款单位开户行盖章）　月　日	科目（付）------- 对方科目（收）------- 转账　　年　月　日 单位主管：　　会计： 复核：　　记账：

付款单位 开户行 收到日期　　年　月　日　　　　支付日期　　年　月　日

此联是收款人开户银行给收款人的收账通知

31-1 **德州市财政局** 79

行政事业性收费统一票证

德州

缴款单位（人）建设机械加工厂　　2012 年 12 月 11 日　　（2001）市财甲字　　号

收费内容	计费单位	收费标准（单价）	十	万	千	百	十	元	角	分	说明
排污费	M³	1/0.2	2	0	0	0	0	0	0	0	字迹填写清楚不得涂改，不盖收费单位图章的无效。
			￥	2	0	0	0	0	0	0	

合计人民币（大写）⊗ 贰万元整

收款单位（公章）收款专用章　　　　收款人（章）陈传伟

注：预付 2013 年 1—12 月排污费

第二联交缴款人

31-2   80

托收银行收款结算凭证

委邮

（支款通知）　⑤

第 00452 号

委收号码

委托日期 2012 年 12 月 11 日

		承付期限			
		到期	年	月	日

收款单位	全　称	德州污水排放管理处	付款单位	全　称	建设机械加工厂
	账号或地址	40150		账　号	085878
	开户银行	建行北辰支行	行号	开户银行	

委收金额	人民币（大写）贰万元整	千	百	十	万	千	百	十	元	角	分
				¥	2	0	0	0	0	0	0

款项内容	排污费	委托收款凭据名称		附寄单证张数	1

备注：	付款单位注意： 1. 根据结算方式规定，上列委托收款，在附款期限内未拒付时，即视全部同意付款，以此联代支款通知。 2. 如需提前付款或多付少款时，应另写书面通知送银行办理。 3. 如系全部或部分拒付，应在付款期限内另填拒绝付款理由书送银行办理。

单位主管：　　　会计：　　　复核：　　　记账：　　　付款单位开户行盖章

此联是付款单位开户银行通知付款单位按期付款的通知

32-1   81

统一收款收据

记　账　联

2012 年 12 月 11 日   No.109212

缴款单位（人）	刘正			
款项内容	报销差旅费		收款方式	单据报销
人民币（大写）陆佰元整			¥：600.00	
备注	收款单位盖章		收款人盖章	王丽

第三联记账联

32-2

差旅费报销单

82

报销部门：**供应科**　　　　　　　2012 年 12 月 11 日　　　　　　　附单据　　张

姓　　名	**刘正**	职　　务	**科长**	出差事由	**参加产品订货会**		
起日	止日	起讫地点	项　目	张数	金　　额	项　目	天数	金　　额
12.2	12.10	**德州-北京**	火车费	2	148.00	途中补助	9	135.00
			汽车费			会议费		
			市内交通费	8	40.40	夜间乘车		
			住宿费	1	280.00	其　他		
			小　　计		468.40	小　　计		135.00
合　　　计			（大写）⊗ 仟 陆 佰 零 拾 叁 元 肆 角 整 ¥：603.40					
批准		财务核准		财务审核		部门审核		

32-3

旅店业统一发票

83

发 票 联

No. 6868681

附件 4 张　　　　　2012 年 12 月 11 日　　　　　地税（2001）A

客户名称	**刘正**	房间号	321	住宿自 12 月 2 日起 12 月 9 日止								第二联报销凭证
项目	人数	天数	床位数	床位单价	金　　额							
					万	千	百	十	元	角	分	
住宿费	1	8	1	35.00			2	8	0	0	0	
合计金额（大写）⊗ 万 ⊗ 仟贰佰捌拾零元零角零分					¥		2	8	0	0	0	

收款单位　　　　　　　　　　　　经办　　　　　　收款人　**李平**

32-4 原始凭证粘贴单 84

本页单据张数：2　　2012 年 12 月 11 日　　本页金额合计：31.40

德州市客运出租专用发票								第
2012 年 12 月 2 日　发 票 联　第 1246623 号								二
用车单位								
起止地点			至		实用千米	5.3		联
起止时间			至		等待时间			
实际收费				注：本发票未加盖：				发
小写金额	千	百	十	元	角	分	单位图章无效	票
		¥	1	5	7	0		
大写金额	⊗ 仟 ⊗ 佰壹拾伍元柒角零分							
备注								
单位盖章：　　车号：　　司机：								

德州市客运出租专用发票								第
2012 年 12 月 2 日　发 票 联　第 1246623 号								二
用车单位								
起止地点			至		实用千米	5.3		联
起止时间			至		等待时间			
实际收费				注：本发票未加				发
小写金额	千	百	十	元	角	分	盖单位图章无	票
		¥	1	5	7	0	效	
大写金额	⊗ 仟 ⊗ 佰壹拾伍元柒角零分							
备注								
单位盖章：　　车号：　　司机：								

32-5 原始凭证粘贴单 85

本页单据张数：6　　2012 年 12 月 11 日　　本页金额合：9.00

1 2 3 4 5	北京市汽车公司
6 7 8 9 10	贰　元
11 12 13 14 15	报销凭证
16 17 18 19 20	

1 2 3 4 5	北京市汽车公司
6 7 8 9 10	壹　元
11 12 13 14 15	报销凭证
16 17 18 19 20	

1 2 3 4 5	北京市汽车公司
6 7 8 9 10	贰　元
11 12 13 14 15	报销凭证
16 17 18 19 20	

1 2 3 4 5	北京市汽车公司
6 7 8 9 10	壹　元
11 12 13 14 15	报销凭证
16 17 18 19 20	

1 2 3 4 5	北京市汽车公司
6 7 8 9 10	贰　元
11 12 13 14 15	报销凭证
16 17 18 19 20	

1 2 3 4 5	北京市汽车公司
6 7 8 9 10	壹　元
11 12 13 14 15	报销凭证
16 17 18 19 20	

32-6 ## 原始凭证粘贴单 86

本页单据张数：2　　　　　*2012* 年 *12* 月 *11* 日　　　　本页金额合计：15.40

N013356　　　　　　　德州站售	N0356509　　　　　　北京站售
K102	D339
德　州　→　北　京	北　京　→　德　州
DeZhou　　　　　　BeiJing	BeiJing　　　　　　DeZhou
2012 年 12 月 02 日 11：13 开　03 车 029 号	2012 年 12 月 10 日 14：29 开　08 车 074 号
￥53.50 元　　　　　　　硬座	￥94.50 元　　　　　　　硬座
限乘当日当次车	限乘当日当次车
刘正	刘正
372401**********	372401***********

33 ## 中国工商银行汇票申请书（存根） 87

委托日期 *2012* 年 *12* 月 *11* 日　　　　　　第　号

收款人	青岛机械加工厂	申请人	建设机械加工厂	此联由汇款人留存作记账传票
账号或住址	076382	账号或住址	085878	
兑付地点	山东省青岛市 ｜ 兑付行	汇款用途	付前欠货款	
汇款金额	人民币			

千	百	十	万	千	百	十	元	角	分
			￥	5	6	2	0	0	0	0

伍万陆仟贰佰元整（大写）　　2012.12.11

中国工商银行德州分行　业务受理章

备注　　　　　　　　　　科目 ....
对方科目 ....
财务主管　　　复核　　　经办

34-1

管理费支出汇总表

88

2012 年 12 月 11 日

单位：总务科

项目	凭证张数	支出金额	核销金额	备注
差旅费	26	170.00	170.00	
办公费	41	326.00	326.00	
其他	3	184.00	184.00	
合计	70	680.00	680.00	
核销金额（大写）	陆佰捌拾元整			

会计：任思和　　　　　审核：魏国栋　　　　　制表：何玉

34-2

89

中国工商银行

转账支票存根

39087321

87236134

附加信息

出票日期　2012 年 12 月 11 日

| 收款人：建设机械加工厂总务科 |
| 金　额：680.00 |
| 用　途：补足金额 |

单位主管：刘正　　会计：王敏

35-1　　370012314

山东省增值税专用发票

No.08168874　90

此联不做报销、扣税凭证使用

开票日期 2012 年 12 月 12 日

购货单位	名　　称：大明公司	密码区	3958406486503-5-4546575356
	纳税人识别号：		8420132435+32357865488*012
	地址、电话：		36569040322
	开户行及账号：0660168		

货物及应税劳务名称	规格型号	单位	数量	单价	金　额	税率	税　额
C01		件	1000	30.00	30000.00	17%	5100.00
C02		件	1000	26.00	26000.00	17%	4420.00
合　计					¥56000.00		¥9520.00
价税合计（大写）	⊗ 陆万伍仟伍佰贰拾元整					小写¥65520.00	

销货单位	名　　称：建设机械加工厂	备注	
	纳税人识别号：371482085878456		
	地址、电话：向阳路 75 号　0534-2557501		税号：371482085878456
	开户行及账号：工行向阳分理处　085878		

第一联记账联 销货方记账凭证

收款人：　　　　复核：　　　　开票人：　　　　销货单位：（章）

35-2   91

付款期	中国工商银行	2	汇票号码
壹个月	银行汇票		第　号

签发日期　**贰零壹贰年壹拾贰月壹拾贰日**　兑付地点：　兑付行：德州市分行

收款人：**建设机械加工厂**

人民币

汇票金额　：**陆万伍仟伍佰贰拾元整**

中国工商银行德州分行

人民币	千	百	十	万	千	百	十	元	角	分
实际结算金额（大写）										

账号或地址：0666168

汇款人：**大明公司**

签发人：　　　行号：

汇款用途：**付货款**

签发行盖章

多余金额									科目（付）
百	十	万	千	百	十	元	角	分	双方科目（收）
									兑付　年　月　日
									复核：　记账：

- -

35-3　　# 中国工商银行进账单（回单或收账通知）　　92

2012 年 **12** 月 **12** 日　　　　第　号

收款人	全　称	**建设机械加工厂**	付款人	全　称	**大明公司**
	账　号	085878		账　号	0660168
	开户银行	**工行向阳分理处**		开户银行	

人民币		千	百	十	万	千	百	十	元	角	元
（大写）**陆万伍仟伍佰贰拾元整**				¥	6	5	5	2	0	0	0

票据种类	**银行汇票**	
票据张数	1	
单位主管：　会计：	收款人开户银行签章	
复核：　记账：		

注：要求据汇票填写进账单。

36-1 山东省增值税专用发票 No.08168874 93

3700123421 开票日期 *2012* 年 *12* 月 *12* 日

购货单位	名　称： **建设机械加工厂**						
	纳税人识别号：371482085878456						
	地址 、电话：**向阳路 75 号 0534-2557501**						
	开户行及账号：**工行向阳分理处 085878**						

密码区
943540248305-435058+32
335464204835840*35-46-4
54635464#

第三联 发票联 购货方记账凭证

货物及应税劳务名称	规格型号	单位	数量	单价	金额	税率	税额
针剂类		支	100	12.00	1200.00	17%	204.00
药剂类		盒	40	45.00	1800.00	17%	306.00
合　计					¥3000.00		¥510.00

价税合计（大写）	⊗ **叁仟伍佰壹拾元整**	（小写）¥3510.00

销货单位	名　称： **市医药公司**	备注
	纳税人识别号：371435908324684	
	地址 、电话：**中心大街34号**	
	开户行及账号：**342606**	

收款人：**张小霞**　　　复核：　　　　开票人：　　　　销货单位：（章）

36-2 94

中国工商银行
转账支票存根
39087309
87236278

附加信息

出票日期 **2012** 年 **12** 月 **12** 日

收款人： **市医药公司**
金　额： **3510.00**
用　途： **医药用品**

单位主管：**刘正**　　会计：**王敏**

37

委托收款凭证（付款通知）第5联

95

| 特种 | |

委托日期： *2012* 年 *12* 月 *12* 日

付款单位	全　　称	建设机械加工厂	收款单位	全　　称	市用电管理所
	账号或地址	085878		账　　号	00108252
	开户银行	工行向阳分理处		开户银行	商业银行市中支行
金额（大写）壹仟叁佰伍拾元整			小写		¥1350.00
备注： *11月份电费*					

（发票专用章印章）

38-1

托收承付凭证（承付支款通知）

第 1103 号

96

委托日期 *2012* 年 *12* 月 *12* 日

托收号码

				承付期限					
				到期　　年　　月　　日					

付款人	全　　称	建设机械加工厂	收款人	全　　称	莲城钢厂				
	账号或地址	085878		账　　号	013878601818				
	开户银行	德州工商银行		开户银行	黄河办事处		行号	3309	

托收金额	人民币（大写）贰万肆仟肆佰伍拾元整	百	十	万	千	百	十	元	角	分
			¥	2	4	4	5	0	0	0

附　　件	商品发运情况	合同名称号码
附寄单证张数或册数	铁路运输	99-801

备注：	付款单位注意：
	1. 根据结算方式规定，上列委托收款，在附款期限内未拒付时，即视同全部同意付款，以此联代支款通知。
	2. 如需提前付款或多付少款时，应另写书面通知送银行办理。
	3. 如系全部或部分拒付，应在付款期限内另填拒绝付款理由书送银行办理。

单位主管：　　　会计：　　　复核：　　　记账：　　　付款单位开户银行盖章

38-2　　5600123983

湖南省增值税专用发票

发票联

No.0568802

开票日期 2012 年 12 月 12 日

购货单位	名　　　称：建设机械加工厂							密码区	6655043402-354654-655 2311-0354654+4946539* 3435466#
	纳税人识别号：371482085878456								
	地址　、电话：德州向阳路 75 号 0534-2557501								
	开户行及账号：工行向阳分理处 085878								

货物及应税劳务名称	规格型号	单位	数 量	单 价	金 额	税率	税 额
丙材料		千克	5000	1.12	5600.00	17%	952.00
乙材料		千克	4000	3.60	14400.00	17%	2448.00
合　　　计					¥20000.00		¥3400.00
价税合计（大写）	⊗ 贰万叁仟肆佰元整				（小写）¥23400.00		

销货单位	名　　　称：莲城钢厂		备注	湖南省莲城钢厂 税号：85643219870052 发票专用章
	纳税人识别号：856432198700052			
	地址　、电话：商业路 97 号			
	开户行及账号：013878601818			

收款人：刘一东　　　　复核：　　　　　　　　开票人：　　　　　　　销货单位：（章）

第三联 发票联 购货方记账凭证

38-3

汽车货物运费结算单

2012 年 12 月 12 日　　　　　第 021 号

发货单位：莲城钢厂	备注：代建设机械加工厂垫付
收货单位：建设机械加工厂	由收货单位负担
承运单位：四通汽车运输队	里程：260 千米
货物件数：	运费：1050.00	人民币（大写）壹仟零伍拾元整

交收货单位

38-4

材料采购运杂费分配表

2012 年 12 月 12 日

供货单位	莲城钢厂			
材料名称	分配标准（重量）	分配率	分配金额	备注
乙材料	4000			分配率保留
丙材料	5000			4 位小数
合　计	9000			

会计主管：丛颖　　　　复核：任思和　　　　制表：张彬

38-5

材料验收入库通知单

100

类别：
编号

发票编号　　　　　　　验收日期：*2012* 年 *12* 月 *12* 日　　　　来源：*莲城钢厂*

品名	规格	单位	数量		实际价格				计划价格	
			来料数	实际数	单价	总价	运费	合计	单价	总价
乙材料		kg	4000	4000	3.60	14400			4.00	16000
丙材料		kg	5000	5000	1.12	5600			1.60	8000
合　计						20000				24000

主管：*张朋*　　　　　　验收：*谢亮*　　　采购：*陈祺*　　　　制单：*乔磊*

39

贷款申请书（第四联）

101

申请日期：*2012* 年 *12* 月 *13* 日

贷款日期：*2012* 年 *12* 月 *13* 日　　　　　字　　　号

贷款单位全称	*建设机械加工厂*	贷款户账号	335878	存款户账号	085878	贷款回单

贷款金额（大写）	人民币：*壹拾陆万元整*	百	十	万	千	百	十	元	角	分
			¥	1	6	0	0	0	0	0	0

中国工商银行德州分行

贷款种类	*工业周转* 月利率6‰	约定还款日期 2013 年 6 月 13 日

2012 年 12 月 13 日

上列借款已核准发放并转入指定账户

到付讫

（银行签章）　　　　　　　　　备注

40

管理费支出汇总表

102

单位：总务科　　　　　　*2012* 年 *12* 月 *13* 日　　　　　现金付讫

项目	凭证张数	支出金额	核销金额	备注
修理费	2	30	30	
办公费	31	190	190	
差旅费	28	60	60	
合计	61	280	280	
核销金额（大写）	*贰佰捌拾元整*			

会计：*任思和*　　　　　　审核：*魏国栋*　　　　制表：*何玉*

41-1
专用收款收据
103

收款日期：*2012* 年 *12* 月 *14* 日　　　　　字　　　号

交款单位	建设机械加工厂	收款单位	市医疗保险	收款项目	职工医疗保险	第三联付款单位收据

人民币（大写）	人民币：壹万伍仟元整	百	十	万	千	百	十	元	角	分
				¥	1	5	0	0	0	0	0

收款事由		经办部门： 经办人员：

上列款项已照数收讫无误并转入指定帐户 （收款单位财务专用章） （领款人签章）	会计主管	稽核	出纳	缴款人

41-2
104

中国工商银行
转账支票存根
39087309
87236286

附加信息

出票日期 *2012* 年 *12* 月 *14* 日

收款人：德州市医疗保险中心

金　额：15000.00

用　途：职工医疗保险

单位主管：刘正　会计：王敏

42-1

工资支付专用凭证（第三联，单位留底）

105

帐号 85878　　　　　*2012* 年 *12* 月 *14* 日　　　　　　　　编号

收款单位 （或收款人）名称	建设机械加工厂	开户 银行	德州工商银行								
支付 金额	人民币（大写） 肆拾贰万陆仟零伍拾壹元贰角整		百	十 万	千	百	十	元	角	分
			￥ 4	2 6	0	5	1	2	0	

工资所属月份_____本次职工人数_____人　　备注

1. 标准工资（基本工资）_____元
2. 附加工资_____元
3. 粮食补助_____元
4. 副食品价格补贴_____元
5. 奖金_____元
6. 国家规定的津贴_____元
7. 本次领取的计划内临时工_____人____元

当即发放工资

- -

42-2

工资结算汇总表

106

部门		基本工资	应扣工资		奖金	工资性津贴				应付工资	代扣款项						合计	实发 工资
			事假	病假		岗位	中夜班	物价	其他		水电费	房租	伙食费	医疗费	个人所得税	养老保险		
基本 生产 车间	生产工人	105000	60	75	54000	14000	18200	6000	16235	213300	505.2	300.47	676	324	3560	8240		
	管理人员	33500		40	4650	2700	160	1250	330	42550	47.5	54.20	35.10	18	260	1680		
	合计	138500	60	115	38650	16700	18360	7250	16565	255850					3820	9920		
机修车间		12000	25		4450	2700	3150	750	25225	25547.5	98.4	138.49	72.80	39	580	950		
供汽车间		12000		50	4450	2700	3150	750	25225	25522.5	41.5	87.33	66.60	18	600	970		
企业管理部门		61500		120	22750	8600		7500	1970	97200	108.2	148.41	24.70	39	1060	4000		
福利部门		11750			5420	1020		500	410	19100	36.1	54.5	13	15	140	700		
在建工程人员		14800	50		7350	3600		750	1250	27700	112.3	189.60	25.4	48	290	1080		
长期病假人员		2550						125	75	2750				12		160		
合计		253100	135	285	103070	35320	24660	12625	25315	453670	949.20	973	913.6	513	6490	17780	27618.8	426051.2

43-1 3700143198 **山东省增值税专用发票** No.08169900 **107**
此联不做报销、抵税凭证使用 开票日期 2012 年 12 月 14 日

购货单位	名　　称：大明公司								密码区	35464033454054+24038548 23058465468406302-232#1 2405009*	
	纳税人识别号：371443385352005										
	地址、电话：湖滨大道 245 号										
	开户行及账号：0660168										

货物及应税劳务名称	规格型号	单位	数量	单价	金额	税率	税额
C01		件	400	30.00	12000.00	17%	2040.00
C02		件	400	26.00	10400.00	17%	1768.00
合　计					¥22400.00		¥3808.00

价税合计（大写）⊗ 贰万陆仟贰佰零拾捌元整　　　　（小写）¥26208.00

销货单位	名　　称：建设机械加工厂
	纳税人识别号：371482085878456
	地址、电话：向阳路 75 号 0534-2557501
	开户行及账号：085878

税号：371482085878456
发票专用章

收款人：张华　　　复核　　　开票人：　　　销货单位：（章）

第一联 记账联 销货方记账凭证

43-2 **汽车运费结算单** 108

2012 年 12 月 14 日　　　　第　号

发货单位：建设机械加工厂	备注：发运C01、C02产品各400件
收货单位：大明公司	运费由收货单位支付
承运单位：德州市第二运输公司	车号：3148 号 ｜ 吨位：5 吨 ｜ 里程：120公里
货物件数：80 件	运费：350 元 ｜ 人民币大写：叁佰伍拾元整

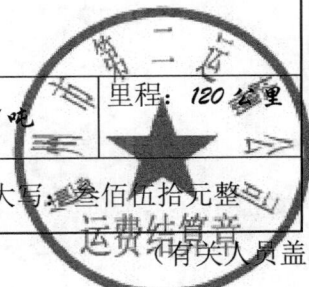

运费结算章
（有关人员盖章）
交委托单位

43-3

托收承付凭证(回单)

109

委托日期 2012 年 12 月 14 日

托收号码：

01236

付款人	全　　称	大明公司	收款人	全　　称	建设机械加工厂		
	账号或地址	06660168		账　　号	085878		
	开户银行	柏雅信用社		开户银行	德州工商银行	行号	

托收金额	人民币(大写)　貳万陆仟伍佰伍拾捌元整	千	百	十	万	千	百	十	元	角	分
				¥	2	6	5	5	8	0	0

附　　件	商品发运情况	合同名称号码
附寄单证张数或册数　2		中国工商银行德州分行 2012.12.14
备注： 电划	款项收妥日期 年　　月　　日	收款人开户银行盖章

单位主管：　　　　会计：　　　　复核：　　　　记账：

43-4

110

中国工商银行
转账支票存根
39087309
87236289

附加信息

出票日期　2012 年 12 月 14 日

收款人：第二运输公司

金　额：350.00

用　途：付运费

单位主管：刘正　　会计：王敏

44-1　　　　　　　　　　　　　　　　111

材料让售领料单

2012 年 12 月 15 日　　　　　　　　编号　1202

购买单位	宏达贸易公司	结算	银行本票	备注					三、转财务核算
发料仓库	杂品库	方式							
器材编号	物资名称	规格型号	单位	数　量		计划价格		
				请领	实发	单价	总价	
6-09	甲材料	37Mn5	吨	900	900	5.00	4500	
6-10	乙材料	42MnMo7	吨	1000	1000	4.00	4000	
供应	唐亮	发料	李力	销售	李洪发	制单	王爱军	

44-2　　3700123140　　　　山东省增值税专用发票　　　No.08168874　112
此联不做报销、扣税凭证使用　　开票日期 2012 年 12 月 15 日

购货单位	名　　称：宏达贸易公司 纳税人识别号：120271835500442 地址、电话：德州市长征路 21 号 34283 开户行及账号：工行长征路分理处　7272834911	密码区	45305463502-248305843#2 32043958406+32043058068 345464*23234	第一联记账联销货方记账凭证

货物及应税劳务名称	规格型号	单位	数量	单价	金　额	税率	税　额
甲材料	37Mn5	吨	900	7.50	6750.00	17%	1147.50
乙材料	42MnMo7	吨	1000	6.00	6000.00	17%	1020.00
合　　计					¥12750.00		¥2167.50

价税合计（大写）　　壹万肆仟玖佰壹拾柒元伍角零分　　　　（小写）¥14917.50

销货单位	名　　称：建设机械加工厂 纳税人识别号：371482085878456 地址、电话：向阳路 75 号 0534-2557501 开户行及账号：工行向阳路分理处 085878	备注	

收款人：杨玲　　　复核：刘云飞　　　开票人：张长江　　　销货单位（章）

44-3   113

中国工商银行进账单（收账通知）1

2012 年 12 月 15 日

出票人	全　称	宏达贸易公司	付款人	全　称	建设机械加工厂	此联是持票人开户行交持票人的收账通知
	账　号	7272834911		账　号	085878	
	开户银行	工行长征路分理处		开户银行	工行向阳分理处	

人民币（大写）	壹万肆仟玖佰壹拾柒元伍角整	千 百 十 万 千 百 十 元 角 元
		¥ 1 4 9 1 7 5 0

票据种类	银行本票	
票据张数	1	持票人开户银行签章
单位主管：	会计： 复核： 记账：	

45-1　　3700123140　　山东省增值税专用发票　　No.08168874　　114

发票联　　开票日期 2012 年 12 月 15 日

购货单位	名　称：建设机械加工厂 纳税人识别号：371482085878456 地址、电话：向阳路75号 0534-2557501 开户行及账号：工行向阳分理处 085878	密码区	20434305820-43-54-6-4-2 324034#2483054504530430 434*23234

货物及应税劳务名称	规格型号	单位	数量	单价	金额	税率	税额
甲材料		千克	8000	5.10	40800.00	17%	6936.00
合　计					¥40800.00		¥6936.00

价税合计（大写）	肆万柒仟柒佰叁拾陆元整	（小写）¥47736.00

销货单位	名　称：鲁发公司 纳税人识别号：374600327820561 地址、电话：虹桥东路42号 开户行及账号：3313879	备注	税号：374600327820561 发票专用章

收款人：李宝钢　　复核：　　开票人：　　销货单位：（章）

第三联 发票联 购货方记账凭证

45-2　　# 火车货物运费结算单　　115

2012 年 12 月 15 日　　第　号

发货单位：鲁发公司	说明：代建设机械加工厂垫付
收货单位：建设机械加工厂	由付款单位负担
承运单位：铁路分局	里程：350 千米
货物件数 8000kg　运费：1020.90	人民币（大写）壹仟零贰拾元零玖角整

（有关人员盖章）

交收货单位

45-3

中国工商银行电汇凭证（回单）

116

汇款单位编号　　　　　委托日期 *2012* 年 *12* 月 *15* 日　　　　　第　号

收款人	全　称	**鲁发公司**			汇款人	全　称	**建设机械加工厂**	
	账号或住址	331379				账号或住址	085878	
	汇入地点	省*江城*县　市	汇入行名称	虹河区支行		汇入地点	省*广州*　市	汇入行名称

金额　人民币（大写）*肆万捌仟柒佰伍拾陆元玖角整*

千	百	十	万	千	百	十	元	角	分
			¥	4	8	7	5	6	9	0

汇款用途：*贷款*

上列款项已根据委托办理，如须查询，请持此回单来行面洽。

（汇出行盖章）
年　月　日

单位主管：　会计：　出纳：　记账：

此联是汇出银行给汇款人的回单

45-4

建设机械加工厂材料入库验收单

117

类别	**原料及主要材料**		类别	**原料及主要材料**
发票编号		验收时间：*2012* 年 *12* 月 *15* 日	来源	**青岛机械加工厂**

品名	规格	单位	数量		实际价格				计划价	
			来料数	实际数	单价	总价	运费	合计	单价	总价
甲材料		kg	8000	8000	5.10	40800			5.00	40000
合计			8000	8000						40000

供销主管：*张朋*　　验收保管：*谢亮*　　采购：*陈祺*　　制单：*乔磊*

第三联会计记账联

46

118

托收承付凭证(收账通知)

委托日期 *2012* 年 *12* 月 *16* 日   托收号码:

				承付期限				
				到期 年 月 日				

付款人	全　　称	明星公司	收款人	全　　称	建设机械加工厂											
	账号或地址	06660168		账　　号	013878601818											
	开户银行	柏雅信用社		开户银行	德州工商银行		行号									

托收金额	人民币 (大写) 伍万玖仟柒佰陆拾捌元整	千	百	十	万	千	百	十	元	角	分
				¥	5	9	7	6	8	0	0

附　　件		商品发运情况	合同名称号码
附寄单证 张数或册数	2	铁路	

备注:

开户银行盖章
2012 年　月　日

单位主管:　　　会计:　　　复核:　　　记账:

47

119

购买证明单

单位: 建设机械加工厂   No.01860

品名	数量	单价	金额	
邮票			¥46.00	邮局所章 年　月　日
信纸、信封、单册			¥8.50	
封装用品			¥6.50	
		现 金 付 讫		
合计人民币(大写)陆拾壹元整				经手人员: 王涛

48   120

中国工商银行借款凭证

实际发出日期：2012 年 12 月 18 日　　　　　凭证号码：0980154

借款人	建设机械加工厂		账号						085878					
贷款金额	人民币　壹佰位拾万元整		千	百	十	万	千	百	十	元	角	分		
			￥	1	5	0	0	0	0	0	0	0		
用途	建造办公楼 2012.12.18	期限 2 年	约定还款日期		2013 年 12 月 18 日									
			贷款利率	7.05%	借款合同号			26183						

上列贷款已转入付款人指定的账户。

银行盖章　　　　　　　复核　惠丽　　　　　记账　刘兰

- -

49   121

同城特约委托收款凭证（付款通知）

托收号码：0334
第 1084279 号

委托日期：2012 年 12 月 16 日

付款人	全　　称	建设机械加工厂	收款人	全　　称	德州市电信局									
	账号或地址	085878		账　号	827466280									
	开户银行	工行向阳分理处		开户银行	工行向阳分理处									
托收金额	人民币(大写)伍仟壹佰玖拾元整					千	百	十	万	千	百	十	元	角	分
									￥	5	1	9	0	0	0

月	月租费	市话费	款项内容	**电话费**	合同号码	0928	附记单证张数	
12	3000.00	1520.00						
长话费	信息费	其他费	付款人注意：					
640.00	30.00		1. 公用事业收款人与你讣签订合同后方能办理					
备注	全部记入管理费用		2. 如无合同，可备函说明情况，于一个月内向收款单位办理同城特约委托收款，将原款划回					

单位主管：　　　　会计：　　　　复核：　　　　记账：

50

中国工商银行信汇凭证（回单）

汇款单位编号		委托日期 *2012* 年 *12* 月 *16* 日			第 号	
付款人	全 称	建设机械加工厂	汇款人	全 称	鲁发公司	此联是汇出银行给汇款人的回单
	账 号或住址	085878		账 号或住址	331379	
	汇入地 点	省江城县 市 汇入行名称		汇入地 点	省德州 市县 汇入行名称 德州工商银行	
金额	人民币（大写）陆万元整			千百十万千百十元角分 ￥ 6 0 0 0 0 0 0 0		
汇款用途：付欠款				（汇出行盖章） 年 月 日		
上列款项已根据委托办理，如须查询请持此回单来行面洽。						
单位主管： 会计： 出纳： 记账：						

（中国工商银行德州分行 2012年12月16日 转讫 印章）

51

固定资产折旧计算表

2012 年 12 月 16 日   第 号

部门 ╲ 月分类 折旧率	房屋建筑 0.3%		机器设备 0.8%		其他设备 0.4%		合计
	原值	折旧额	原值	折旧额	原值	折旧额	
基本车间	103680		100910				
机修车间	104800		47320				
供汽车间	96700		10130		88640		
管理行政	271960						
合计	577140		158360		88640		

52-1   124

3700123162

山东省增值税专用发票
发票联

No.08168901

开票日期 2012 年 12 月 17 日

购货单位	名　　称：建设机械加工厂
	纳税人识别号：375680285878
	地址、电话：德州市向阳路 75 号
	开户行及账号：085878

密码区：78303#80023403-03+04545433　549343-586*=4540232-873872　39483×434

货物及应税劳务名称	规格型号	单位	数量	单价	金额	税率	税额
电机修理费					4280.00	17%	727.60
合　计					4280.00		727.60

价税合计（大写）	⊗伍仟零佰零拾柒元陆角整	（小写）¥5007.60

销货单位	名　　称：大华机械修理厂
	纳税人识别号：543311000134315
	地址、电话：
	开户行及账号：0133688

备注

大华机械修理厂
543311000134315
发票专用章

收款人：刘兰　　复核：肖晨　　开票人：惠丽　　销货单位：（章）

第三联 发票联 购货方记账凭证

52-2   125

3700123162

山东省增值税专用发票
抵扣联

No.08168901

开票日期 2012 年 12 月 17 日

购货单位	名　　称：建设机械加工厂
	纳税人识别号：375680285878
	地址、电话：德州市向阳路 75 号
	开户行及账号：085878

密码区：78303#80023403-03+04545433　549343-586*=4540232-873872　39483×434

货物及应税劳务名称	规格型号	单位	数量	单价	金额	税率	税额
电机修理费					4280.00	17%	727.60
合　计					4280.00		727.60

价税合计（大写）	⊗万伍仟零佰零拾柒元陆角整	（小写）¥5007.60

销货单位	名　　称：大华机械修理厂
	纳税人识别号：543311000134315
	地址、电话：
	开户行及账号：0133688

备注

大华机械修理厂
543311000134315
发票专用章

收款人：刘兰　　复核：肖晨　　开票人：惠丽　　销货单位：（章）

第二联 抵扣联 购货方扣税凭证

52-3

中国工商银行现金支票存根

支票号码　N₀004289

科　　目 _____

对方科目 _____

签发日期　2012 年 12 月 17 日

收款人：	大华机械修理厂
金　额：	¥5007.60
用　途：	劳务费
备　注：	

单位主管　　　会计

复　核　　　记账

53-1

委托收款凭证（付款通知 ）

委托号码：47465 123

委邮　　　委托日期：2012 年 12 月 18 日

付款单位	全　称	建设机械加工厂	收款单位	全　称	市用电管理局
	账号或地址	085878		账　号	00108252
	开户银行	德州工商银行		开户银行	商业银行市中支行

金额	人民币（大写）柒仟贰佰壹拾陆元叁角贰分	百	十	万	千	百	十	元	角	分
					¥ 7	2	1	6	3	2

款项性质	业务收入	合同号码	附寄单证张数	2

备注：

　　　特约

根据协议上列款项已由付款单位账户付出

中国工商银行德州分行

2012.12.18

付款人开户行盖章 业务受理章

单位主管：刘正　　　会计：王敏　　　　复核：惠丽　　　　记账：刘兰

此联是付款人开户银行给付款人的付款通知

53-2

128

山东省增值税专用发票

发票联

No.08168902

3700123163

开票日期 2012 年 12 月 18 日

购货单位	名　称：建设机械加工厂 纳税人识别号：375680285878 地址、电话：德州市向阳路 75 号 开户行及账号：085878					密码区	78303#80023403-03+04545433 549343-586*=4540232-873872 39483×434		第三联发票联购货方记账凭证

货物及应税劳务名称	规格型号	单位	数　量	单价	金　额	税率	税　额
电		瓦时	67492	0.07	4724.44	17%	803.15
电		瓦时	6014	0.24	1443.36		245.37
合　　计					6167.80		1048.52

价税合计（大写）	⊗万柒仟贰佰壹拾陆元叁角贰分	（小写）￥7216.32

销货单位	名　称：市用电管理所 纳税人识别号：8693123455988 地址、电话： 开户行及账号：00108252	备注	

收款人：李平　　　复核：张元　　　开票人：李丽　　　销货单位：（章）

53-3

129

山东省增值税专用发票

发票联

No.08168903

3700123164

开票日期 2012 年 12 月 18 日

购货单位	名　称：建设机械加工厂 纳税人识别号：375680285878 地址、电话：德州市向阳路 75 号 开户行及账号：085878					密码区	78303#80023403-03+04545433 549343-586*=4540232-873872 39483×434		第二联抵扣联购货方扣税凭证

货物及应税劳务名称	规格型号	单位	数　量	单价	金　额	税率	税　额
水		M3	17804	0.12	2136.48	17%	277.74
合　　计					2136.48		277.74

价税合计（大写）	⊗万贰仟肆佰壹拾肆元贰角贰分	（小写）￥2414.22

销货单位	名　称：德州市自来水公司 纳税人识别号：371482085878456 地址、电话： 开户行及账号：001396	备注	

收款人：刘平　　　复核：张力　　　开票人：吴欣　　　销货单位：（章）

市自来水公司水费结算单

委托日期 *2012* 年 *12* 月 *18* 日　　　　　　　　　第 *072* 号

单位				计费月份	12月份
水表起讫数码	用水量（立方米）	单价	金额	备注	
326875-344675	17804	0.12	2136.48	不含税	

金额人民币（大写）*贰仟壹佰叁拾陆元肆角捌分整*

主管：*严松*　　　复核：*李华*　　　经办：*张平*

发票专用章

中国工商银行
转账支票存根
39087313
87236157

附加信息

_____

出票日期 *2012* 年 *12* 月 *18* 日

收款人：*德州市自来水公司*
金　额：*¥2414.22*
用　途：*水费*

单位主管：*刘正*　　会计：*王敏*

外购动力费分配表

2012 年 *12* 月 *18* 日

产品、部门、项目	生产用电				照明用电			合计
	单位	用电数量	单价	金额	用电数量	单价	金额	
生产车间	度	41035	0.07	2872.45	2748	0.24	659.52	
供汽车间	度				1210	0.24	290.40	
机修车间	度	26457	0.07	1851.99				
管理部门	度				2056	0.24	493.44	
合计	度	67492	0.07	4724.44	6014	0.24	1443.36	

注：生产用电按产品生产工时分配。公式参见第60题。

53-7 133

水费分配表

2012 年 12 月 18 日

用水部门、项目	单位	数量	单价	金额
生产车间	立方米	4481	0.12	537.72
供气车间	立方米	2722	0.12	326.64
机修车间	立方米	8745	0.12	1049.40
管理部门	立方米	1856	0.12	222.72
合计	立方米	17804	0.12	2136.48

54 134

中华人民共和国
税收通用缴款书

隶属关系：

注册类型：国有　　填发日期：2012 年 12 月 18 日　　征收机关：

无银行收讫章无效

缴款单位（人）	代码	24171635	预算科目	编码	
	全称	建设机械加工厂		名称	个人所得税
	开户银行	工行向阳分理处		级次	省、市
	账号	085878	收款国库		
税款所属日期	2012 年 11 月 1-30 日		税款限缴日期	2012 年 12 月 20 日	

品目名称	课税数量	计税金额或销售收入	税率或单位税额	已缴或扣除额	实缴金额 十	万	千	百	十	元	角	分
工资薪金		87500.00	5%				4	3	7	5	0	0
工资薪金		23100.00	10%				2	3	1	0	0	0
金额合计	（大写）⊗ 陆仟陆佰捌拾伍元整					¥	6	6	8	5	0	0

缴款单位（人）（盖章）经办人（盖章）	税务机关（盖章）填票人（盖章）	上列款项已收妥并划转收款单位账户 国库（银行）盖章 2012 年 12 月 18 日	备注：

逾期不缴按税法规定加收滞纳金

第一联（收据）国库（银行）收款盖章后退缴款单位（人）

中国工商银行德州分行 2012 年 12 月 18 日 收讫

建设机械加工厂 税号：371482085878456 发票专用章

行政拨交工会经费缴款书

2012 年 12 月 18 日

所属月份	职工人数	上月职工工资总额	应缴2%工会经费	迟交天数	按1%应缴滞纳金
11		450000	9000		

	付款单位		基层工会收款单位		上级工会收款单位
名称	建设机械加工厂	名称	厂工会	名称	市总工会
账号	085878	账号	1866552201	账号	2311845522
开户银行	工行向阳分理处	开户银行	工行向阳分理处	开户银行	工行红旗路分理处
付款金额		60%收款金额		40%收款金额	
合计		人民币(大写)玖仟元整			

中国工商银行德州分行
2012 年 12 月 18 日
收讫

备注：工会经费应于每月15日前拨交,过期按规定应缴纳滞纳金	上列款项已从你单位账户内支付,分别划款有关收款单位账户 付款单位开户银行盖章

产 品 提 单

购买单位：大港油田油管制造厂   2012 年 12 月 18 日   运输方式：铁路运输

收货地址：大港货站   编号：1203

产品名称	规格	单位	数量	单位售价	金额	备注
C01		件	2350	3000	70500	代垫运费
C02		件	3000	2600	78000	

销售部门：曹春山   发货人：赵凯   提货人：马伟华   制单：刘玲

56-2

中国工商银行
转账支票存根
39087321
87236152

附加信息
_____

出票日期 *2012* 年 *12* 月 *18* 日

收款人：	德州货运站
金　额：	¥1182.00
用　途：	垫付运费

单位主管：*刘正*　　会计：*王敏*

56-3

138

3700123171

山东省增值税专用发票
记账联

No.08168904
开票日期 2012 年 12 月 18 日

购货单位	名　称：大港油田油管制造厂
	纳税人识别号：130541873300477
	地址、电话：大港前进路 10 号 26583169
	开户行及账号：工行大港前进路分理处　2452301055

密码区
78303#80023403-03+04545433
549343-586*=4540232-873872
39483×434

第三联 发票联 购货方记账凭证

货物及应税劳务名称	规格型号	单位	数　量	单价	金　额	税率	税　额
C01		件	2350	30.00	70500.00	17%	11985.00
C02		件	3000	26.00	78000.00		13260.00
合　　计					148500.00		25245.00

价税合计（大写）	壹拾柒万叁仟柒佰玖拾伍元整	（小写）¥173795.00

销货单位	名　称：建设机械加工厂
	纳税人识别号：371482085878456
	地址、电话：德州市向阳路 15 号
	开户行及账号：37281166

备注
建设机械加工厂
税号：371482085878456
发票专用章

收款人：刘兰　　　　复核：肖晨　　　　开票人：惠丽　　　　销货单位：（章）

56-4   139

中国工商银行进账单（收账通知）

2012年12月18日   第 122 号

出票人	全 称	大港油田油管制造厂	收款人	全 称	建设机械加工厂
	账 号	2452301055		账 号	085878
	开户银行	工行大港前进分理处		开户银行	工行向阳分理处

人民币（大写）	壹拾柒万肆仟玖佰贰拾柒元整	千百十万千百十元角分 ¥ 1 7 4 9 2 7 0 0
票据种类	银行汇票	2012.12.18
票据张数	2	收款人开户银行签章
单位主管： 会计： 复核： 记账：		

中国工商银行德州分行 收讫

联 此是款项开户银行交给收款人的回单

57-1   140

银行承兑汇票3

出票日期：贰零壹贰年壹拾贰月壹拾捌日   汇票号码

第 号

收款人	全 称	南京宏大公司	出票人	全 称	建设机械加工厂
	账号或地址	0133688		账 号	085878
	开户银行	琼枝办事处 行号		开户银行	德州工商银行 行号

汇票金额	人民币(大写) 壹万玖仟元整（票面利率8%）	千百十万千百十元角分 ¥ 1 9 0 0 0 0 0

汇票到期日 2012年12月18日
收款人开户银行盖章   承兑协议编号   交易合同编号
2012.12.18
复核 业务受理章 会计

汇票签发人盖章
备注   负责

中国工商银行德州分行
财务专用章

中国工商银行
转账支票存根
39087334
87236147

附加信息 _____

_____

出票日期 2012 年 12 月 18 日

| 收款人：德州市工商银行 |
| 金　额：¥19760 |
| 用　途：票款及利息 |

单位主管：刘正　　　会计：王敏

商品流通企业商品销售统一发票

发货票

购货单位：建设机械加工厂　　　2012 年 12 月 18 日

商品名称	规格	等级	单位	数量	单价	金额							
						十	万	千	百	十	元	角	分
钢笔	G-2	一	支	40	4.32				1	7	2	8	0
记录簿			本	6	5.12					3	0	7	2
计算器	1-1-12		台	5	92.02				4	6	0	1	0
合计金额（大写）	陆佰陆拾叁元陆角贰分整							¥	6	6	3	6	2
结算方式			开户商场	德州工商银行		备注							
			账号	085878									

收款单位(盖章有效)市百货大楼　　　收款人：王一　　　开票人：李阳

58-2

中国工商银行
转账支票存根
39087351
87236149

附加信息

出票日期 *2012* 年 *12* 月 *18* 日

收款人：	德州市百货大楼
金　额：	¥663.62
用　途：	购文具

单位主管：*刘正*　　会计：*王敏*

58-3

办公用品发放表

	厂部	生产车间	机修车间	供气车间	合计
领用金额	300.00	210.17	120.04	33.41	663.62
领用人签名	李某某	王某某	江某某	何某某	

59

建设机械加工厂费用报销领款单

2012 年 12 月 18 日

领款事由	困难补助		
领款金额	大写：陆佰元整	小写：600.00	现金付讫
审核意见	同意付款	领导人签章	
领款单位	生产车间(15 人)		领款人：付强等

60-1
车间产品耗用工时报告

2012 年 12 月

车间	产品	生产耗用工时	备注
基本生产车间	*C-01 产品*	*15120*	
	C-02 产品	*10800*	
	合 计	*25920*	

60-2
工资费用分配汇总表

2012 年 12 月

产品、车间和部门	生产耗用工时	分配率	应分配金额
C01 产品生产工人			
C02 产品生产工人			
基本生产车间管理人员			
在建工程人员			
机修车间			
供气车间			
企业管理部门			
医务室托儿所			
长病假人员			
合 计			

61-1

福利费用分配汇总表

2012 年 12 月

产品、车间和部门	集体福利费工资总额	提取率	应计提福利费金额
C01 产品生产工人			
C02 产品生产工人			
基本生产车间管理人员			
在建工程人员			
机修车间			
供气车间			
企业管理部门			
医务室托儿所			
长病假人员			
合 计		14%	

61-2   149

工会经费计算表

2012 年 *12* 月 *18* 日

月份	工资总额	提取率	应提工会经费额
		2%	

62   150

偿还贷款凭证（第一联）

2012 年 *12* 月 *18* 日   第 号

借款单位名称	建设机械加工厂	贷款账号	84621	结算账号	83852674

还款金额（大写）	贰拾贰万贰仟陆佰元整	千	百	十	万	千	百	十	元	角	元
			¥	2	2	2	6	0	0	0	0

贷款种类	短期借款	借出日期	*2011* 年 *12* 月 *27* 日	原约定还款日期	*2012* 年 *12* 月 *27* 日

上列款项请由本单位 838252674 账户内偿还到期货款 此致 财务专用章	会计分录： 收： 付： 复核员： 记账员：

偿还贷款收据

63-1

3700123141

山东省增值税专用发票
发票联

No.08166904

开票日期 2012 年 12 月 14 日

购货单位	名　　称：兴旺公司 纳税人识别号：453122890635288 地址、电话： 开户行及账号：				密码区	78303#80023403-03+04545433 549343-586*=4540232-873872 39483×434		
货物及应税劳务名称	规格型号	单位	数　量	单　价	金　额	税率	税　额
C01 C02		件 件	700 700	30.00 26.00	21000.00 18200.00	17%	3570.00 3094.00
合　　计					39200.00		6664.00
价税合计（大写）	肆万伍仟捌佰陆拾肆元整					（小写）¥45864.00	
销货单位	名　　称：建设机械加工厂 纳税人识别号：371482085878456 地址、电话：德州市向阳路15号 开户行及账号：37281166				备注	建设机械加工厂 税号：371482085878456 发票专用章 销货单位：（章）		

收款人：刘兰　　　　复核：肖晨　　　　开票人：惠丽

第三联 发票联 购货方记账凭证

63-2

银行承兑汇票

出票日期：贰零壹贰年壹拾贰月壹拾贰日

汇票号码　098080

第　　号

收款人	全　称	兴旺公司		出票人	全　称	银河公司											
	账号或地址	372401			账　号	3351770214										
	开户银行	山城办事处	行号		开户银行	圆珠办事处		行号								
汇票金额	人民币 （大写）肆万伍仟元整						千	百	十	万	千	百	十	元	角	分
									¥	4	5	0	0	0	0	0
汇票到期日	2012 年 12 月 20 日	本汇票已签承兑，到期日由本行付款。 中国银行德州分行 2012.12.12 承兑行签章		承兑协议编号												
本汇票请你行承兑，到期无条件付款。 出票人签章 2012 年 12 月 20 日		承兑日期　年　月　日 备注：		科目（借）_____ 对方科目（贷）_____ 转账　　年　　月　　日 复核　　　　记账												

63-3   153

背书	背书	背书
本公司将本汇票金额转让给建设机械加工厂用以支付货款。 2012 年 12 月 19 日	建设机械加工厂（章） 2012 年 12 月 19 日	
背书人 兴旺公司	背书人	背书人

63-4   154

中国工商银行进账单（回单）

2012 年 12 月 20 日   第 152 号

付款人	全 称	银河公司	收款人	全 称	建设机械加工厂										此是款开银交收人回单
	账 号	88366969		账 号	085878										联收入户行给款人的
	开户银行	农行山城办事处		开户银行	工行向阳分理处	千	百	十	万	千	百	十	元	角 分	
人民币 （大写）		肆万伍仟元整						￥	4	5	0	0	0	0 0	
票据种类		银行承兑汇票													
票据张数		1		收款人开户银行签章	中国工商银行德州分行 2012.12.20 收讫										
单位主管：	会计：	复核：	记账：												

63-5   155

收据

2012 年 12 月 20 日   编号

收 到	兴旺公司	
人民币	捌佰陆拾肆元整	￥864.00
系 付	补货款差额	

单位盖章 建设机械加工厂   会计：宵晨   出纳：刘兰   经手人：李平

64-1

广告业统一发票

发票联

客户名称　建设机械加工厂　　　2012 年 12 月 20 日　　　No. 1006392

项目	摘要	单位	数量	单价	金额								
					万	千	百	十	元	角	分	
	产品广告				1	3	2	4	0	0	0	

第三联：记账联

合计人民币（大写）　壹万叁仟贰佰肆拾元整　　　　￥13240.00

开户银行	工行向阳分理处	结算方式	支票	备注	
账　号	085878				

开票人：马胜利　　　　收款人：王华　　　开票单位盖章

64-2

中国工商银行
转账支票存根
39087354
87236149

附加信息

出票日期　2012 年 12 月 20 日

收款人：万隆广告公司
金　额：￥13240.00
用　途：支付广告费

单位主管：刘正　　会计：王敏

65-1

中国工商银行
转账支票存根
39087409
87236150

附加信息

出票日期　*2012* 年 *12* 月 *20* 日

| 收款人：美食饭店 |
| 金　额：¥1980.00 |
| 用　途：业务招待费 |

单位主管：*刘正*　　会计：*王敏*

65-2

饮食行业专用发票
发票联

客户名称　*建设机械加工厂*　　　*2012* 年 *12* 月 *20* 日　　　　No. 102765

项　　目	单位	数量	单价	金额 万千百十元角分	第三联：记账联
用餐费	桌	3	660.00	1 9 8 0 0 0	
合计人民币（大写）	壹仟玖佰捌拾元整			¥ 1 9 8 0 0 0	

制单：*梁颖*　　　会计：*马亮*　　　　收款单位（盖章）

65-3

招待客人用餐审批表

2012 年 *12* 月 *20* 日

客人单位	客户		客人人数	24
接待单位	销售科及厂办	接待人		马万鹏
事由	参加本厂订货会	陪餐人数		3 人
用餐标准	3 桌，每桌 660 元	经办人		王伟
领导审批	赵正　财务主管　李彬	备注		记入业务招待费

66-1

山东省增值税专用发票
发票联

No.08166912

3700123153

开票日期 2012 年 12 月 20 日

购货单位	名　称：建设机械加工厂 纳税人识别号：375680285878 地址、电话：德州市向阳路 75 号 开户行及账号：085878	密码区	78303#80023403-03+04545433 549343-586*=4540232-873872 39483×434	第三联发票联购货方记账凭证

货物及应税劳务名称	规格型号	单位	数量	单价	金　额	税率	税　额
甲材料		公斤	4000	5.10	20400.00	17%	3468.00
合　计					20400.00		3468.00

价税合计（大写）	贰万叁仟捌佰陆拾捌元整	（小写）¥23868.00

销货单位	名　称：济南深大公司 纳税人识别号：867512345673318 地址、电话： 开户行及账号：37281126	备注	济南深大公司 8675 12345 673318 发票专用章

收款人：刘兰　　复核：肖晨　　开票人：惠丽　　销货单位（章）

- -

66-2

委托银行收款结算凭证 （支款通知）

托收号码：

委邮

2012 年 12 月 20 日　　付款日期：2012 年 12 月 20 日

收款人	全　　称	济南深大公司	付款人	全　　称	建设机械加工厂
	账号或地址	00262952		账号或地址	085878
	开户银行	农行山城办事处		开户银行	德州工商银行

委托金额	人民币 （大写）贰万叁仟捌佰陆拾捌元整	千	百	十	万	千	百	十	元	角	分
				¥	2	3	8	6	8	0	0

款项内容	货款	委托收款凭据名称	发票	附寄单证张数	1

备注：

付款单位注意：

1. 根据结算方式规定，上列委托收款，如在付款期限内未拒付时，即视同全部同意付款，以此联代支款通知。
2. 如需提前付款或多付少付款时，应另写书面通知送银行办理。
3. 如系全部或部分拒付，应在付款期限内另填拒绝付款理由书送银行办理。

中国工商银行德州分行
2012.12.20

单位主管　　会计　　复核　　记账　　付款单位开户行盖章

年　　月　　日

建设机械加工厂材料入库单

| 类别 | 原料及主要材料 | 验收日期：2012 年 12 月 20 日 | | 编号 | 7 |
| 发票编号 | | | | 来源 | 济南深大公司 |

品名	规格	单位	数量		实际价格				计划价		四会计记账联
			来料数	实际数	单价	总价	运杂费	合计	单价	总价	
甲材料		kg	4000	4000	5.10	20400		20400	5	20000	
合计								20400		20000	

供销主管：陆华　　　　　　验收保管：杨文　　　　　　　　制单：陈其

67-1

164

（正面）

固定资产卡片

固定资产类别：机器

								卡号	
								项目编号	

固定资产	钻床	型号规格或技术特点	GL-5	建设单位或制造工厂名称	市机械厂	取得来源	购入
原值	41416.09	其中安装费	6342.10	预计残值	1656.64	预计清理费用	800
建造日期	2012年11月份	验收日期	2012年12月份	开始使用日期	2012年12月份	预计使用年限	10年
年折旧额		年折旧率		月折旧额		月折旧率	
拨入日期		拨入时已使用年限		尚能使用年限		投入时已提折旧额	

使用或保管部门变动情况			原价变动记录				附属设备记录				
日期	凭证	使用或保管部门	日期	凭证	增加	减少	名称	规格	单位	数量	金额

（背面）

	计提基本折旧			大修理完工记录				停用复用记录		
年度	本期提取	累计提取	净值	日期	凭证	摘要	金额	停用日期	使用原因	复用日期
调出记录	调出日期： 调往单位：批准文号： 原值： 安装费：已使用年度：						报废清理记录	清理原因： 实际使用 年限： 清理费用：	清理日期： 批准文号：	
备注	2012年12月日验收交付一车间使用						建、销卡	日期	经办人	
							建卡	年 月	李明	
							销卡			

67-2   165

竣工验收报告

验收日期：*2012* 年 *12* 月 *20* 日   编号：

名称	钻床	规格		制造单位	市机械厂	来源	购入
验收工程		钻床安装工程		总造价	41416.09	使用年限	10 年
验收小组意见	工程质量：符合质量要求						
	设备性能：良好						
	使用情况：良好						
施工单位意见	同意验收结论		使用部门意见			车间主任：同意	

----

68   166

银行承兑汇票

汇票号码

出票日期：*贰零壹贰年壹拾贰月零贰拾日*   第   号

收款人	全　　称	建设机械加工厂		出票人	全　　称	兴旺公司	
	账号或地址	085878			账　　号	3351770214	
	开户银行	德州工商银行	行号		开户银行	园林办事处	行号

汇票金额	人民币(大写) 伍万元整	千	百	十	万	千	百	十	元	角	分
				¥	5	0	0	0	0	0	0

汇票到期日	*2013* 年 *6* 月 *20* 日	付欠款

本汇票送请你行承兑，并确认（银行结算办法）和承兑协议的各项规定。 此致 承兑银行 承兑申请人盖章 2012 年 12 月 20 日 本汇票经本行承兑，到期日由本行交付。 承兑银行（盖章） 2012 年 12 月 20 日	承兑协议编号 汇票签发人盖章	交易合同编号 科目（付） 对方科目（收） 转账日期　　年　月　日 复核　　　记账

（三）原始凭证（2012 年 12 月下旬）

69　　　　　　　　　　　　　　　　　　　　　167

税别：增值税

德 州 市 税 务 局

工 商 税 收 转 账 通 知 缴 款 书

填发日期：**2012** 年 **12** 月 **21** 日

隶属关系：

经济类型：

收款单位	全　　称	税务局		缴款人或单位	全　　称	建设机械加工厂		
	预算级次				地　　址		电话	
	收款金库	支库	账号		开户银行	德州工商银行	账号	085878

税款所属时期	年　月　日	税款限缴日期	年　　月　　日

类别名称	单位	数量	单位税额	计税金额	税率%	应征税额	减已缴税额	入库税额									
								千	百	十	万	千	百	十	元	角	分
增值税				4 819.81	17	4819.81						4	8	1	9	8	1
城建税					7	337.39							3	3	7	3	9
金额合计（大写）**伍仟贰佰伍拾叁元陆角整**				2012.12.20				￥				5	1	5	7	2	0

缴款单位盖章	上列款项已收妥并划转收款单位账户 （收款银行盖章） 年　　月　　日	备注

附注：所得税速算扣除数：　　　　　增值税扣除税额：

（本缴款书无银行收讫章无效）　　逾期不缴按税法规定加收滞纳金

中国工商银行进账单（收账通知）

2012 年 12 月 21 日　　　　　　　第　号

出票人	全　称	B 工厂	收款人	全　称	建设机械加工厂
	账　号	03502366		账　号	085878
	开户银行	三达办事处		开户银行	德州工商银行

人民币（大写）	壹万零肆佰肆拾元整	千 百 十 万 千 百 十 元 角 分
		￥ 1 0 4 4 0 0 0
票据种类	转账支票	
票据张数	1	
单位主管：　会计： 复核：　　　记账：		

中国工商银行德州分行

2012 年 12 月 21 日

收款人开户银行签章

12 月 21 日

收讫

收　条

建设机械加工厂退回包装物如数收到，质量完好。请如数退还押金。

B 工厂（章）

王斌

2012 年 12 月 21 日

财务专用章

收据

2012 年 12 月 21 日　　　　　　　编号

收　到　　B 工厂

人民币（大写）壹万零肆佰肆拾元整　　　　￥10440.00

系　付　　退回包装物押金

单位盖章：建设机械加工厂　　会计：肖晨　　出纳：刘兰　　经手人：李文

财务专用章

71-1

税别：车船税

德 州 市 税 务 局

工 商 税 收 转 账 通 知 缴 款 书

填发日期：*2012* 年 *12* 月 *20* 日　　　　隶属关系：

经济类型：

项算 科目	款 项		

收款单位	全　　称	税务局	缴款人或单位	全　　称	建设机械加工厂			
	预算级次			地　　址		电话		
	收款金库	支库　账号 *325631*		开户银行	德州工商银行	账号	*085878*	

税款所属时期	年　月　日	税款限缴日期	年　月　日

类别名称	单位	数量	单位税额	计税金额	税率%	应征税额	减已缴税额	千	百	十	万	千	百	十	元	角	分
货车	吨	5	40			200							2	0	0	0	0
客车	吨	1	300			300							3	0	0	0	0
金额合计（大写）伍佰元整													¥	5	0	0	0	0

缴款单位盖章	上列款项已收妥并划转收款单位账户 （收款银行盖章） 　　年　　月　　日	备注
附注：所得税速算扣除数	增值税扣除税额：	

（本缴款书无银行收讫章无效）　　　　逾期不缴按税法规定加收滞纳金

71-2

税别：房产税

德 州 市 税 务 局

工 商 税 收 转 账 通 知 缴 款 书

填发日期：*2012* 年 *12* 月 *20* 日

隶属关系：

经济类型：

项算 科目	款 项		

收款单位	全　　　称	*税务局*	缴款人或单位	全　　　称	*建设机械加工厂*			
	预算级次			地　　　址			电话	
	收款金库	*支库* 账号 *325631*		开户银行	*德州工商银行*		账号	*085878*

税款所属时期	年 月 日				税款限缴日期	年 月 日		

类别名称	单位	数	单位税额	计税金额	税率%	应征税额	减已缴税额	千 百 十 万 千 百 十 元 角 分
房产				*490000*	*1%*	*4900*		4 9 0 0 0 0

金额合计（大写）*肆仟玖佰元整*　　　　　　　　　　　　　　　　　¥ *4 9 0 0 0 0*

缴款单位盖章　　　　上列款项已收妥并划转收款单位账户　　*2012* 年 *12* 月 *20* 日　备注

　　　　　　　　　　　　（收款银行盖章）

　　　　　　　　　　　　　年　　月

附注：所得税速算扣除数：　　　　增值税扣除税额：

（本缴款书无银行收讫章无效）　　逾期不缴按税法规定加收滞纳金

71-3

税别：土地税

德州市税务局

工商税收转账通知缴款书

填发日期：*2012* 年 *12* 月 *20* 日

隶属关系：

经济类型：

项算 科目	款 项		

收款单位	全称	*税务局*			缴款人或单位	全称	*建设机械加工厂*		
	预算级次					地址		电话	
	收款金库	*支库*	账号	*325631*		开户银行	*德州工商银行*	账号	*085878*

| 税款所属时期 | | 年 月 日 | | | 税款限缴日期 | | 年 月 日 | | | | | | | | | | | | |

类别名称	单位	数量	单位税额	计税金额	税率%	应征税额	减已缴税额	千	百	十	万	千	百	十	元	角	分
土地	m²	*2000*	*1.5*	*3000*		*3000*						*3*	*0*	*0*	*0*	*0*	*0*

金额合计（大写）*叁仟元整* ￥*3**0**0**0**0**0*

缴款单位盖章 （财务专用章）

上列款项已收妥并划转收款单位账户 （收款银行盖章） 年 月 日

备注

附注：所得税速算扣除数： 增值税扣除税额：

（本缴款书无银行收讫章无效） 逾期不缴按税法规定加收滞纳金

72-1

174

统一收款收据记账联

记 账 联

2012 年 *12* 月 *22* 日

缴款单位（人）	*浴池*		
款项内容	*滦票收入*	收款方式	*现金*
人民币（大写）	*壹仟贰佰伍拾元整*	￥*1250.00*	
备注	收款单位盖章 （财务专用章）	收款人盖章	*王玉梅*

中国工商银行现金存款凭证

2012 年 12 月 22 日　　　　　　　　No. 109214

<table>
<tr><td rowspan="3">收款人</td><td>全　称</td><td colspan="2">建设机械加工厂</td><td colspan="2"></td></tr>
<tr><td>账　号</td><td colspan="2">085878</td><td>款项来源</td><td>福利部门收入</td></tr>
<tr><td>开户行</td><td colspan="2">工行向阳分理处</td><td>交款人</td><td>建设机械加工厂</td></tr>
</table>

金额大写（币种）：人民币壹仟贰佰伍拾元整

	十	万	千	百	十	元	角	分
		¥	1	2	5	0	0	0

2012 年 12 月 22 日
收讫
中国工商银行德州分行

票面 100.00	张数 5	票面 50.00	张数 12	票面 10.00	张数 15

会计分录：
　　借：＿＿＿＿＿＿＿＿
　　　贷：＿＿＿＿＿＿＿＿
记账＿＿＿＿　复核＿＿＿＿
记账＿＿＿＿　复核＿＿＿＿

统一收款收据 收据联

2012 年 12 月 22 日　　　　　　　　No. 109427

<table>
<tr><td colspan="2">缴款单位（人）</td><td colspan="2">建设机械加工厂</td></tr>
<tr><td colspan="2">款项内容</td><td>收款方式</td><td>转账支票</td></tr>
<tr><td colspan="2">人民币（大写）　柒仟肆佰捌拾元整</td><td colspan="2">¥7480.00</td></tr>
<tr><td>备</td><td rowspan="2"></td><td rowspan="2">收款人盖章</td><td rowspan="2">于立英</td></tr>
<tr><td>注</td></tr>
</table>

收款单位盖章　机械加工厂　财务专用章

73-2

中国工商银行
转账支票存根
39087354
87236167

附加信息

出票日期　*2012* 年 *12* 月 *1* 日

收款人：	德州市环保局
金　额：	¥*7480.00*
用　途：	排污费

单位主管：*刘正*　　会计：*王敏*

74

坏账处理报告单

2012 年 *12* 月 *22* 日

单位名称	金额	原因
发达公司	*5000元*	*确定无法收回*
单位领导意见	注册会计师认定：	董事会或主管部门意见
同意核销	*属实*	*同意*

75-1

3700123153

山东省增值税专用发票
发票联

No.08166912

开票日期 2012 年 12 月 23 日

购货单位	名　称：兴旺公司				密码区	78303#80023403-03+04545433 549343-586*=4540232-873872 39483×434	
	纳税人识别号：2351770214						
	地址、电话：						
	开户行及账号：085878						

货物及应税劳务名称	规格型号	单位	数量	单价	金额	税率	税额
C01		件	1500	30.00	45000.00	17%	7650.00
C02		件	1000	26.00	26000.00		4420.00
合　计					71000.00		12070.00

价税合计（大写）	捌万叁仟零佰柒拾零元整	（小写）¥83070.00

销货单位	名　称：建设机械加工厂	备注
	纳税人识别号：375680285878	
	地址、电话：德州市向阳路 75 号	
	开户行及账号：085878	

收款人：刘兰　　复核：肖晨　　开票人：惠丽　　销货单位：（章）

（建设机械加工厂 税号：37148085878456 发票专用章）

75-2

中国工商银行信汇凭证（收账通知）

汇款单位编号	委托日期	2012 年 12 月 20 日	第 1 号

汇款人	全　称	兴旺公司	收款人	全　称	建设机械加工厂
	账号或住址	3351770214		账号或住址	085878
	汇出地点	江苏省常州市	汇出行名称	兴国办事处		汇入地点	山东省德州市	汇入行名称	德州工商银行

金额	人民币（大写）⊗捌万叁仟零柒拾元整	千百十万千百十元角分 ¥8307000

汇款用途：货款

留行代取预留收款人印签

上列款项已代进账,如有错误请持此联来行面洽.此致
（开户银行）

中国工商银行德州分行
2012.12.23
收讫
2012 年 12 月 23 日

上列款项已照收无误.

科目（付）........
对方科目（收）........
汇入行解汇日期 20 年 月 日

（收款人盖章）
2012 年 12 月 23 日

复核员：　　出纳员：
记账员：

（机械加工厂 财务专用章）

此联是汇银行给汇款款人的回单

76-1

3700123189

山东省增值税专用发票
发票联

No.08168907

开票日期 2012 年 12 月 25 日

购货单位	名　称：建设机械加工厂 纳税人识别号：375680285878 地址、电话：德州市向阳路75号 开户行及账号：085878					密码区	78303#80023403-03+04545433 549343-586*=4540232-873872 39483×434			

货物及应税劳务名称	规格型号	单位	数量	单价	金额	税率	税额
丙材料		公斤	5500	1.50	8250.00	17%	1402.50
合　计					8250.00		1402.50

价税合计（大写）	⊗万玖仟陆佰玖拾贰元伍角零分	（小写）¥9692.50

销货单位	名　称：济南深大公司 纳税人识别号：867512345673318 地址、电话： 开户行及账号：001396				备注	济南深大公司 8675123456733218 发票专用章

收款人：刘平　　复核：张力　　开票人：吴欣　　销货单位：（章）

第二联 抵扣联 购货方扣税凭证

76-2

入库单

来料单位：济南深大公司　　　2012 年 12 月 25 日

材料编号	名称	规格型号	计量单位	件数	数量		单价	金额	备注
					应入数	实入数			
	丙材料		kg		5500	5000	1.60	8000.00	

经办人：张元　　　　收料人：李勤　　　收料负责人：王志正

注：经查短缺原因为发货方少发 500 公斤，对方已同意补发。

一联存根

商业承兑汇票　　IX　IV725050

出票日期贰零壹贰年壹拾贰月贰拾伍日　　　　　　第 24 号

收款人	全称	济南深大公司		付款人	全称	建设加工厂		此联签发人存查
	账号	075432			账号			
	开户银行	山大路办事处	行号		开户银行	德州市工行	行号	

汇票金额	人民币	（大写）⊗玖仟陆佰伍拾贰元伍角零分	千百十万千百十元角分 ¥9 6 5 2 5 0

汇票到期日	2013 年 2 月 25 日	交易合同号码	12222

本汇票已经本单位承兑，到期日无条件支付票款。

财务专用章
承兑人盖章
2012 年 12 月 25 日

本汇票请予以承兑于到期日付款

出票人签章
财务专用章

77-1　　　　　　　　　　　　　　　　　　　　　　　　　　184

发料凭证分配汇总表

2012 年 12 月 25 日　　　　材料成本差异率：

总账	明细科目	甲材料		乙材料		丙材料		计划成本金额合计	负担材料成本差异	实际成本合计
		数量	金额	数量	金额	数量	金额			
生产成本基本生产成本	CO1	7600		4200		2200				
	CO2	5600		1650		960				
生产成本辅助生产成本	机修车间	1010		200		200				
	供汽车间	300		/		8800				
制造费用	物料消耗	/		/		1800				
管理费用	修理费	/		/		220				
其他业务支出	材料销售	6900		1000						
合计		21410		7050		14180				

77-2　　　　　　　　　　　　　　　　　　　　　　　　185

材料成本差异计算表

2012 年 *12* 月

项目	计划成本			材料成本差异			材料成本差异率
	期初	本期收入	合计	期初	本期收入	合计	
金额							

78-1　　　　　　　　　　　　　　　　　　　　　　　　186

收据

2012 年 *11* 月 *28* 日　　　　　　　　　编号

收　到	烟台华运公司		
人民币	壹万零贰佰元整	¥10200.00	
系　付	购货预付款		

单位盖章　建设机械加工厂　　　会计：宵晨　　　出纳：刘兰　　　经手人：李文

78-2

3700123153

山东省增值税专用发票

记账联

No.08166912

开票日期 2012 年 12 月 28 日

购货单位	名　称：烟台华远公司
	纳税人识别号：3351770214
	地址、电话：
	开户行及账号：085879

密码区
78303#80023403-03+04545433
549343-586*=4540232-873872
39483×434

货物及应税劳务名称	规格型号	单位	数量	单价	金额	税率	税额
C01		件	7000	32.00	224000.00	17%	38080.00
C02		件	6000	28.00	168000.00		28560.00
合　计					392000.00		66640.00

价税合计（大写）	肆拾伍万捌仟陆佰肆拾元整	（小写）￥458640.00

销货单位	名　称：建设机械加工厂
	纳税人识别号：375680285878
	地址、电话：德州市向阳路75号
	开户行及账号：085878

备注

(建设机械加工厂 税号：37148205878456 发票专用章)

第一联 发票联 销货方记账凭证

收款人：刘兰　　　复核：肖晨　　　开票人：惠丽

78-3

中国工商银行进账单

2012 年 12 月 28 日

第 122 号

出票人	全　称	烟台华远公司	收款人	全　称	建设机械加工厂
	账　号	563351269		账　号	085878
	开户银行	临海办事处		开户银行	德州工商银行

人民币（大写）	肆拾肆万捌仟肆佰肆拾元整	千 百 十 万 千 百 十 元 角 分
		￥ 4 4 8 4 4 0 0 0

(中国工商银行德州分行 2012.12.28 收讫)

票据种类	银行汇票	
票据张数	1	

单位主管：　　　会计：
复核：　　　　　记账：

12 月 28 日
收款人开户银行签章

收账通知

79-1

无形资产摊销表

2012 年 12 月 31 日

无形资产名称	本月摊销额	未摊销额
专利权	600.00	22000
合计		

会计主管：　　　　　　　审核：　　　　　　　制表：

79-2

利息及债券溢价摊销表

2012 年 12 月 31 日

长期负债项目	利　息　额	应摊销溢价额	未摊销溢价额
长期借款	3600		
企业债券	5000	560	19440
合　　计	8600		

80-1

辅助生产情况

2012 年 12 月 31 日

产品、部门项目	机修车间服务量（工时）	供汽车间供汽量（m³）
C01 产品	1920	6750
C02 产品	1480	5250
基本生产车间	400	1500
修理车间	/	2000
供汽车间	300	/
管理部门	200	1500
合计	4300	17000

80-2

辅助生产费用分配表（直接分配法）

2012 年 *12* 月 *31* 日

受益产品、部门	机修车间			供汽车间			合计
	劳务数量（工时）	单位成本	应分配金额	劳务数量（工时）	单位成本	应分配金额	
C01 产品							
C02 产品							
基本生产车间							
修理车间							
供汽车间							
管理部门							
合计							

注：先按直接分配法分配辅助生产费并填入表内，然后根据费用分配表编制记账凭证。

81

基本生产车间制造费用分配表

2012 年 *12* 月 *31* 日

产品	生产工时	分配率	应分配金额
C01 产品	*15120*		
C02 产品	*10800*		
合计	*25920*		

82

托收承付结算部分拒绝承付理由书（代通知 或收账通知）

委托日期　*2012* 年 *12* 月 *28* 日　　　托收号码：*01236*

付款人	全　称	大明公司	收款人	全　称	建设机械加工厂											
	账号或地址	06660168		账　号	085878											
	开户银行	博雅信用社		开户银行	德州工商银行	行号										

原托金额	26558.00	拒付金额	350.00	部分承付金额		千	百	十	万	千	百	十	元	角	分
								¥	2	6	2	0	8	0	0

附寄单证	张	部分承付金额（大写）	贰万陆仟贰佰零捌元整

拒付理由：拒付运费，根据合同规定，运费应由销货方负担。
（付款单位签章）

中国工商银行德州分行

银行意见：2012.12.28 同意拒付理由 （银行签章） 2012 年 12 月 28 日	科目 开户银行盖章 12 月 31 日

单位主管：　　　　会计：　　　　复核：　　　　记账：

83

上海证券中央登记清算公司

998897	成交过户交割凭单		卖
股东编号：	A128456	成交证券	长城股份
电脑编号：	85461	成交数量	305
公司编号：	763	成交价格	20
申请编号：	332	成交金额	6100
申报时间：	10:32	标准佣金	10
成交时间：	11:45	过户费用	5
上次余额：	2305（股）	印花税	
本次成交：	305（股）	应收金额	
本次余额：	2000（股）	附加费用	10
本次库存：	实收金额：10450 元		
（证券公司签章）			

经办单位：　　　　　客户签章：建设机械厂　日期 2012 年 12 月 28 日

84

材料盘盈（亏）报告表

仓库　　　　　　　　　　　2012 年 12 月 31 日　　　　　　　差异率：

品名	规格	单位	计划单价	数量		金额	原因及处理
				盘盈	盘亏		
甲材料		kg	5.00		460	2300	定额内损耗
乙材料		kg	4.00	200		800	计量差异
丙材料		kg	1.60	200		320	计量差异
合计				400	460	3420	

主管：　　　　　　会计：　　　　　　仓库负责人：　　　　　　保管：

85-1

中国工商银行

转账支票存根

39087387

87236176

附加信息

_____

_____

出票日期　2012 年 12 月 1 日

收款人：第二建筑公司
金　额：¥1500000.00
用　途：预付工程款

单位主管：刘正　　　会计：王敏

85-2

建设安装行业专用发票

客户名称：建设机械加工厂　　　　2012 年 12 月 31 日　　　No. 822713

项目	单位	数量	单价	金额									
				千	百	十	万	千	百	十	元	角	分
办公楼工程预交款					1	5	0	0	0	0	0	0	0
合计人民币（大写）壹佰伍拾万元整				¥	1	5	0	0	0	0	0	0	0

备注：建造合同号码　073218

收款单位：　　　　　　会计：　　　　　复核：于辉　　　　制单：何静

86-1

建设机械加工厂业务招待费汇总表

2012 年 12 月 31 日

部门	业务科	凭证张数		20 张
事由	业务往来单位洽谈接待就餐补助及接送车费用			
支付金额	人民币（大写）：叁仟贰佰陆拾伍元整			¥3265.00
核销金额	人民币（大写）：叁仟贰佰陆拾伍元整			¥3265.00
备注	接待单位和支付标准均经厂领导同意 （附件略）			

主管：　　　会计：　　　审核：　　　制单：

86-2

中国工商银行
转账支票存根
39087309
87236145

附加信息

出票日期　2012 年 12 月 1 日

| 收款人：中南宾馆 |
| 金　额：¥3265.00 |
| 用　途：招待费 |

单位主管：刘正　　会计：王敏

87-1

生产情况报告表

编报单位：基本生产车间　　　2012 年 12 月

产品名称	单位	月初在产品	本月投产	本月完工入库	不合格废品	月末在产品	在产品完工程度	约当产量
CO1 产品	件	1200	13800	13000		2000	50%	
CO2 产品	件	1250	11550	8300		4500	50%	

87-2   202

C02 产品定额成本单

成本项目	单位定额成本	备注
直接材料	5.60	
直接人工	6.35	
制造费用	5.30	
合计	17.25	

注：C02 产品完工产品成本按定额单位成本计算。

87-3   203

产品入库汇总表

编报单位：成品仓库   2012 年 12 月

编号	品名	规格	单位	数量	备注
	C01 产品		件	13000	
	C02 产品		件	8300	

87-4   204

生产成本计算表

产品名称：C01 产品   2012 年 12 月   完工产品：件
                                                      在产品：完工程度 50%

摘要	直接材料	直接人工	制造费用	合计
月初在产品成本				

87-5

生产成本计算表

产品名称：*CO2 产品*

2012 年 12 月

完工产品：*件*

在产品：*件完工程度*

摘要	直接材料	直接人工	制造费用	合计
月初在产品成本				

注：根据"生产成本"明细账，编制生产成本计算表，计算完工产品和在产品成本，然后将完工产成品成本进行结转，原材料一次投料。

88

产品成本计算表

2012 年 12 月

项目	C01 产品		C02 产品		合计
	数量	金额	数量	金额	
月初结存					
本月入库					
加权平均单价					
本月销售产品制造成本					

注：发出产品加权平均单价，保留小数 2 位，第 3 位四舍五入。

89

交易性金融资产公允价值损益计算表

2012 年 12 月 31 日

短期投资账面余额	公允价值	公允价值变动损益
29 400	28 200	1 200

90   208

银行汇票

（　多余款
　收账通知　）

第　号

付款期限 壹 个 月	

出票日期　**贰零壹贰年壹拾贰月零壹**
（大写）　　　**拾日**

代理付款行：　　　行号：

收款人：**青岛机械加工厂**　　　账号：**0763822**

出票金额 人民币(大写)：**伍万陆仟贰佰元整**

实际结算金额

人民币(大写)：**伍万陆仟贰佰元整**

千	百	十	万	千	百	十	元	角	分
			¥ 5	6	2	0	0	0	0

2012 年 12 月 10 日

申请人：**建设机械加工厂**　　　账号或地址：＿＿＿＿＿＿＿＿
出票行：**德州支行**　行号：＿＿＿＿
备注：**付前欠货款**
出票行盖章

2012 年 12 月 10 日

多余金额

万	千	百	十	元	角	分
			¥	0		

左列退回多余金额已收
入你账户内

----

91   209

坏账准备计提表

提取率：**4‰**　　　　　　**2012** 年 **12** 月 **31** 日

项目	应收账款	坏账准备
月初结存金额		
月末结存提取数		
加（减）计提前余额		
本月应提坏账准备		

制表：　　　　　复核：　　　　　主管：

92-1　　　　　　　　　　　　　　　　　　　　　　　210

社会保险基金专用收据
No. 0606059

存款单位(人)建设机械加工厂　　2012 年 12 月 31 日　　　结算方式：转账支票

险种	项目	十	万	千	百	十	元	角	分
养老保险金	企业交纳		4	4	4	5	0	0	0
	个人交纳		1	7	7	8	0	0	0

收款单位（盖章）　　　　　　　　　　　　　　　收款人：赵红霞

92-2　　　　　　　　　　　　　　　　　　　　　　211

中国工商银行
转账支票存根
39087412
87236143

附加信息

出票日期　2012 年 12 月 1 日

收款人：	劳动和社会保障局
金　额：	¥62230.00
用　途：	支付养老保险金

单位主管：刘正　　会计：王敏

93-1　　　　　　　　　　　　　　　　　　　　　212

电传

建设机械加工厂：

　本商场本年度实现税后利润 199701.19 元。按本年分红方案及你厂出资额，你厂应分得利润 187460.00 元。该款项已通过银行汇出，请查收。

明珠商场
2012 年 12 月 31 日

93-2　　　　　　　　　　　　　　　　　　　　213

中国工商银行进账单（收账通知）

2012 年 12 月 31 日　　　　　　　第 122 号

<table>
<tr><td rowspan="3">出票人</td><td>全　称</td><td>明珠商场</td><td rowspan="3">收款人</td><td>全　称</td><td colspan="2">建设机械加工厂</td></tr>
<tr><td>账　号</td><td>24523010552</td><td>账　号</td><td colspan="2">085878</td></tr>
<tr><td>开户银行</td><td>工行德州前进分理处</td><td>开户银行</td><td colspan="2">工行向阳分理处</td></tr>
<tr><td>人民币
（大写）</td><td colspan="2">壹拾捌万柒仟肆佰陆拾元整</td><td colspan="3">千百十万千百十元角分
￥1 8 7 4 6 0 0 0</td></tr>
<tr><td>票据种类</td><td colspan="2">转账支票</td><td colspan="3">2012 年 12 月 31 日</td></tr>
<tr><td>票据张数</td><td colspan="2">1</td><td colspan="3"></td></tr>
<tr><td colspan="3">单位主管　会计　复核　记账</td><td colspan="3">收款人开户银行签章</td></tr>
</table>

此联是收款人开户银行交给收款人的回单

中国工商银行德州分行　收讫

94-1　　　　　　　　　　　　　　　　　　　　214

中国工商银行
转账支票存根
39087326
87236176

附加信息＿＿＿＿＿＿

出票日期　2012 年 12 月 1 日

收款人：建设机械加工厂食堂
金　额：￥913.60
用　途：伙食费

单位主管：刘正　会计：王敏

94-2

收据

2012 年 12 月 31 日 编号

收　到	财务科转交伙食费
人民币	玖佰壹拾叁元陆角整　　　¥913.60

职工食堂　具

核准：　　会计：　　记账：　　出纳：从颖　　经手人：唐丽

94-3

中国工商银行
转账支票存根
39087365
87236175

附加信息

出票日期　2012 年 12 月 1 日

收款人：	区房管所
金　额：	¥973.00
用　途：	房租

单位主管：刘正　　会计：王敏

94-4

收据

2012 年 12 月 31 日 编号

收　到	建设机械加工厂
人民币	玖佰柒拾叁元整　　　¥973.00
系　付	代扣房租

单位盖章：区房管所　　会计：　　出纳：田任　　经手人：张延

95-1 218

协议书

经建设加工厂与大华公司协商，将建设加工厂不需用固定资产，大账面原值 12000 元，账面净值 6000 元，按公允价值壹万元，换取大华公司铣床一台（原账面价值 2 万元，已提折旧 12000 元），特此协议。

甲方：建设加工厂 乙方：大华公司

2012 年 12 月 10 日

95-2 219

说明：

2012 年 12 月 21 日按协议已将大华公司设备运抵本厂，尚未安装使用。

96-1 220

增值税附加税费计算表

项目	基数	征收率	金额	备注
城乡维护建设税		7%		
教育费附加		3%		
合计				

注：其他附税费略，以增值税应纳税额作为计算基数。

附件1：

增 值 税 纳 税 申 报 表
（适用于增值税一般纳税人）

根据《中华人民共和国增值税暂行条例》第二十二条和第二十三条的规定制定本表。纳税人不论有无销售额，均应按主管税务机关核定的纳税期限按期填报本表，并于次月一日起十五日内，向当地税务机关申报。

税款所属时间：自　年　月　日至　年　月　日　　　填表日期：　年　月　日　　　　　　　　　金额单位：元至角分

纳税人识别号										所属行业：	无机械制造	

纳税人名称		法定代表人姓名		注册地址		营业地址	

开户银行及账号		企业登记注册类型	私营有限责任公司	电话号码	

	项　目	栏次	一般货物及劳务		即征即退货物及劳务	
			本月数	本年累计	本月数	本年累计
销售额	（一）按适用税率征税货物及劳务销售额	1				
	其中：应税货物销售额	2				
	应税劳务销售额	3				
	纳税检查调整的销售额	4				
	（二）按简易征收办法征税货物销售额	5				
	其中：纳税检查调整的销售额	6				
	（三）免、抵、退办法出口货物销售额	7		——	——	
	（四）免税货物及劳务销售额	8			——	——
	其中：免税货物销售额	9			——	——
	免税劳务销售额	10			——	——
税款计算	销项税额	11				
	进项税额	12				
	上期留抵税额	13		——	——	
	进项税额转出	14				
	免抵退货物应退税额	15				
	按适用税率计算的纳税检查应补缴税额	16				
	应抵扣税额合计	17=12+13-14-15+16		——	——	
	实际抵扣税额	18（如17<11,则为17,否则为11）				
	应纳税额	19=11-18				
	期末留抵税额	20=17-18		——	——	
	简易征收办法计算的应纳税额	21				
	按简易征收办法计算的纳税检查应补缴税额	22		——	——	
	应纳税额减征额	23				
	应纳税额合计	24=19+21-23				
税款缴纳	期初未缴税额（多缴为负数）	25				
	实收出口开具专用缴款书退税额	26				
	本期已缴税额	27=28+29+30+31				
	①分次预缴税额	28				
	②出口开具专用缴款书预缴税额	29		——	——	
	③本期缴纳上期应纳税额	30				
	④本期缴纳欠缴税额	31				
	期末未缴税额（多缴为负数）	32=24+25+26-27				
	其中：欠缴税额（≥0）	33=25+26-27				
	本期应补(退)税额	34=24-28-29				
	即征即退实际退税额	35				
	期初未缴查补税额	36				
	本期入库查补税额	37				
	期末未缴查补税额	38=16+22+36-37				

授权声明	如果你已委托代理人申报，请填写下列资料： 　　为代理一切税务事宜，现授权 　　　　（地址）　　为本纳税人的代理申报人，任何与本申报表有关的往来文件，都可寄予此人。 　　　　　　　　授权人签字：	申报人声明	此纳税申报表是根据《中华人民共和国增值税暂行条例》的规定填报的，我相信它是真实的、可靠的、完整的。 　　　　　　　声明人签字：

以下由税务机关填写：

收到日期：		接收人：	主管税务机关盖章

注：先根据有关资料添置增值税申报表，然后根据申报表编制记账凭证。

97-1

内部转账单

转账日期：*2012* 年 *12* 月 *31* 日

摘要	转账项目	金额
结转到本年利润账户		
结转到本年利润账户		
结转到本年利润账户		
结转到本年利润账户		
合计		

注：根据账簿资料，将金额填入表内，然后转账（有关人员签章）。

97-2

内部转账单

转账日期：*2012* 年 *12* 月 *31* 日

摘要	转账项目	金额
结转到本年利润账户		
结转到本年利润账户		
结转到本年利润账户		
结转到本年利润账户		
结转到本年利润账户		
结转到本年利润账户		
结转到本年利润账户		
结转到本年利润账户		
结转到本年利润账户		
结转到本年利润账户		
结转到本年利润账户		
合计		

注：根据账簿资料，将金额填入表内，然后转账（有关人员签章）。

98-1

税后利润计算

2012 年 *12* 月 *31* 日

项目	金额	备注
税前利润		
减：应交所得税		
税后利润		

制表：　　　　　　　　　　　　　　　　复核：

98-2

企业所得税纳税申报表

税款所属期间：　　　　　　年　月　日至　年　月　日　　　　　　金额单位：元

纳税人识别号 ☐☐☐☐☐☐☐☐☐☐☐☐☐☐☐

纳税人名称			
纳税人地址		邮政编码	
纳税人所属经济类型		纳税人所属行业	
纳税人开户银行		纳税人账号	

	行次	项　目	金额
收入总额	01	销售（营业）收入	
	02	减：销售退回	
	03	折扣与折让	
	04	销售（营业）收入净额（1-2-3）	
	05	投资收益	
	07	补贴收入	
	08	营业外收入	
	10	收入总额合计（4+5+7+8）	
扣除项目	11	销售（营业）成本	
	12	销售(营业)税金及附加	
	13	财务费用	
	14	管理费用及销售(营业)费用	
应纳税所得额	16	营业外支出	
	17	扣除项目合计(11+12+13+14+16)	
	18	纳税调整前所得（10-17）	
	19	加：纳税调整增加额	
	30	减：纳税调整减少额	
	31	纳税调整后所得（18+19-30）	
	36	应纳税所得额	
应纳所得税	37	适用税率	
	38	应缴所得税额(36×37)	
	44	实际应缴所得税	
	47	减：期初多缴的所得税额	
	48	已预缴的所得税额	
	49	应补（退）的所得税额(44-47-48 或 46-47-48)	

纳税人声明：

　　谨声明此纳税申报表是根据《中华人民共和国企业所得税暂行条例》及其实施细则和相关法律的规定填报的，是真实的、可靠的、完整的。

法人代表签字：赵正　　　　　　　纳税人单位公章：

中介代理机构声明：

　　谨声明此纳税申报表是根据《中华人民共和国企业所得税暂行条例》及其实施细则和相关法律的规定填报的，是真实的、可靠的、完整的。

注册税务师签字：张敏　　　　　　中介机构签章：

填报日期：2012 年 12 月 31 日

99

利 润 分 配 表

2012 年 12 月 31 日

一、税后利润		
二、分配项目	分配比例	分配金额
1. 提取盈余公积金		
2. 提取公益金		
3. 向投资者分配利润		
其中：国有资产管理局	投资比例　　　%	
山东投资公司	投资比例　　　%	
鲁航公司	投资比例　　　%	
分配合计		

- -

100

　　将"本年利润"账户余额"利润分配"账户，结平"本年利润"账户，同时将"利润分配"账户下油管明细账户余额转入"未分配利润"明细账户。

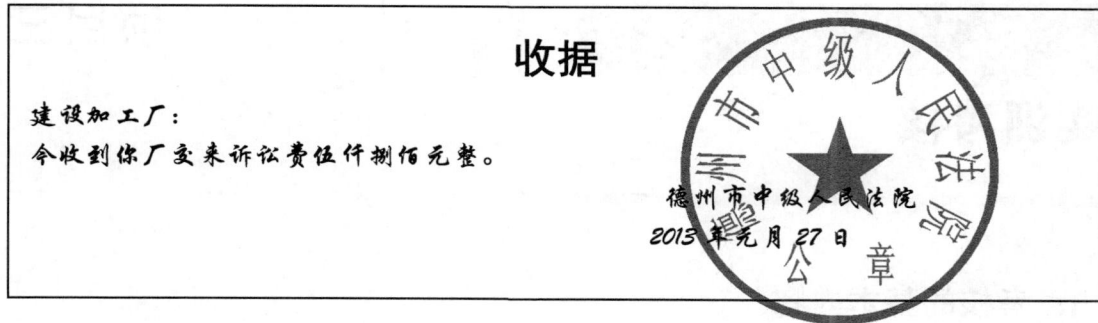

收据

建设加工厂：
今收到你厂交来诉讼费伍仟捌佰元整。

德州市中级人民法院
2013 年元月 27 日
公章

　　12 月 31 日，根据委托律师反映，原请求华运侵权赔偿额为伍拾万元，根据华运公司情况最多可赔偿叁拾万元。

【任务要求】
　　1. 根据原始凭证填制记账凭证。
　　2. 根据科目汇总表核算程序登记总账、明细账。
　　3. 进行电算化的凭证录入。

三、期末结账（手工和电算化同步进行）

【任务引入】
　　掌握期末结账的要求和方法。
　　复习、回顾期末对账、结账的规则和要求。
　　1. 总账。
　　2. 明细账。

【任务要求】
　　1. 根据要求结出总账余额。
　　2. 根据要求结出明细账余额。

四、报表编制

【任务引入】
　　1. 根据总账和明细账内容编制资产负债表、利润表。
　　2. 了解报表的编制时间、编制内容和编制要求，要求掌握各表的结构内容及其构成关系，能够根据企业的财务资料编制企业的资产负债表、利润表。

【任务要求】
　　1. 资产负债表的编制。
　　2. 损益表的编制。

实训考核

一、考核的基本内容

会计综合技能实训课程考核分为手工实训考核和电算化考核两部分，其中手工实训考核分为分岗考核、混岗考核。

（一）手工考核的基本内容

1. 分岗实训考核的基本内容，见表3-1。

分岗实训采用小组竞赛的方式进行，每个小组均按照以下岗位设置。

表 3-1   分岗实训考核的基本内容

岗位设置	考核内容
出纳岗位	1.熟悉出纳要用的印签； 2.知道出纳应保管的结算凭证； 3.会熟练地到开户银行办理手续，如解款、存款、取款，并开户； 4.会填制或审核收、付款凭证； 5.会根据收、付款凭证登记现金日记账和银行存款日记账； 6.会模拟清查现金，并制作"现金盘点报告表"
往来核算岗位	1.看懂往来业务的原始凭证； 2.会往来账页的开设； 3.会登记往来明细账； 4.会查询往来款项
工资核算岗位	1.会变更工资卡； 2.懂得怎样去熟悉一个单位的工资结构，会计算每个职工的工资； 3.会编制工资结算汇总表和工资分配表并进行账务处理； 4.会计提工资附加费并进行账务处理
存货核算（材料会计）岗位	1.会填收料单、领料单、产品入库单等类似原始凭证； 2.会登记数量金额式存货明细账； 3.会登记"物资采购明细账"和"材料成本差异明细账"。 4.会编制"发料凭证汇总表"
固定资产核算岗位	1.会制作固定资产卡片； 2.会登记固定资产备查簿； 3.根据发票、银行结算凭证等，知道以"固定资产"入账； 4.会编制折旧计算表并进行计提折旧的账务处理
成果核算岗位	1.熟悉收入核算的原始凭证； 2.熟悉费用的原始凭证；

岗位设置	考核内容
成果核算岗位	3.会根据产品出库单，开具和保管发票； 4.会进行收入和费用的账务处理； 5.会计算利润和所得税，并编制利润表； 6.会编制利润分配表和进行账务处理
税务会计岗位	1.了解日常申报基本理论知识、手续； 2.能进行日常发票管理； 3.熟悉本企业应交的税种； 4.会填常见的纳税申报表； 5.会进行日常的企业纳税申报
会计主管岗位	1.会编制资产负债表； 2.熟悉会计核算的程序

2. 混岗实训考核的基本内容，见表 3-2。

混岗实训的学生独立完成会计全岗位的核算。

序号	工作任务模块 或实训项目	考核的基本内容
1	期初建账	根据期初余额资料，开设日记账、明细账、总分类账，登记各账户期初余额
2	填制记账凭证	1.根据经济业务判断所填制记账凭证的种类； 2.填制记账凭证，包括收款凭证、付款凭证和转账凭证； 3.按顺序将凭证编号要求：按规范填制记账凭证，顺序编号，并进行认真审核
3	登记日记账、明细账	1.根据原始凭证、收款凭证、付款凭证逐日逐笔登记现金日记账和银行存款日记账； 2.根据原始凭证、收款凭证、付款凭证、转账凭证登记各种明细账；要求：日记账每天登记，及时结出账户余额；明细账每天或每 15 天登记一次
4	登记总分类账	1.分别采用汇总记账凭证账务处理程序、科目汇总表账务处理程序，编制汇总记账凭证或科目汇总表； 2.根据汇总记账凭证或科目汇总表每 15 天登记总账一次。要求：独立思考，登账依据正确
5	编制会计报表	1.结账、对账，做到账证相符、账账相符； 2.根据账簿记录，编制会计报表要求：数据要有来源，前后数据一致
6	装订凭证以及档案保管；撰写实习报告	1.会对每期的记账凭证进行装订，原始凭证要求附在记账凭证后面作为附件； 2.了解会计档案的种类； 3.了解不同类型的会计档案保管的要求； 4.学生进行资料整理，撰写实习报告，将自己的实习步骤、方法及体会进行总结。要求：实习报告每人一篇，不少于 1000 字

（二）电算化考核的基本内容

电算化实训为上机操作，要求学生独立完成软件操作全部流程。

序号	任务模块	评价目标	评价方式	评价分值
1	系统管理	建立账套 赋权 年度账管理 基础信息设置	上机实践、实训活动、阶段测验	20%

续表

序号	任务模块	评价目标	评价方式	评价分值
2	总帐管理子系统	系统初始化 日常业务处理 期末业务	上机实践、实训活动、阶段测验	30%
3	会计报表子系统	报表格设置 会计报表的数据处理 报表的编制	上机实践、实训活动、阶段测验	10%
4	工资管理子系统	工资系统初始化 工资系统的日常处理 月末工资分摊 月末结账处理	上机实践、实训活动、阶段测验	10%
5	固定资产管理子系统	固定资产管理系统的初始设置 日常业务处理	上机实践、实训活动、阶段测验	10%
6	应收款管理子系统	建立应收款初始设置 日常处理	上机实践、实训活动、阶段测验	10%
7	应付款管理子系统	建立应付款初始设置 日常处理	上机实践、实训活动、阶段测验	10%
8	合计			100 分

二、学生互评

（一）考核的基本内容

1. 手工模拟实训考核的主要内容如下。
（1）识别、审核和整理原始凭证；
（2）编制记账凭证；
（3）开设并登记明细账；
（4）开设并登记总分类账户；
（5）编制会计报表；
（6）凭证和账簿的启用、装订和保管。

2. 会计电算化模拟实训考核的主要内容如下。
（1）系统管理模块的使用；
（2）账务核算系统模块的初始化、日常业务处理、期末业务处理；
（3）固定资产管理初始化、日常业务处理、期末业务处理；
（4）工资管理初始化、日常业务处理、期末业务处理；
（5）应收账款的初始化、日常业务处理、期末业务处理；
（6）报表管理及财务分析初始化、日常业务处理、期末业务处理；
（7）购销存管理初始化、日常业务处理、期末业务处理。

（二）考核的成绩评定

通过学生熟悉一个完整的会计业务处理过程，在强化会计业务训练的同时，安排学生 3～5

人为一组，相互之间自评打分，考核细则同教师评分标准，学生互评分数占综合成绩的 60%。

三、教师评价

教师对实训的要点、规范进行成绩评定讲解，填写考核记录表。

考核记录表

评分结构（总分 100 分）

序号	项　　目	成绩比例（%）	总评成绩（%）
1	出勤情况	20	
2	态度端正、严格遵守纪律	20	
3	实习报告表述清楚、程序正确、有自己的体会	20	100
4	会计资料中基本数据准确、按记账规则记账、错误少、资料整洁	40	

按规定办法对每个学生模拟实习，通过考核做出客观的评定，并计入学生成绩册。各环节考核标准为：一般建账占 20 分，账务处理 60 分（其中，账务处理 35 分，填制凭证 10 分，账簿登记 10 分，凭证和账簿的启用、装订和保管占 5 分），撰写财务分析报告 20 分（其中，计算为 10 分，财务分析报告 10 分）。教师评分占综合成绩的 40%。

企业财务制度的有关规定与说明

一、岗位分工与授权批准

（一）主管会计（科长）岗位

全面负责组织会计工作，开设总分类账及部分明细分类账；审核记账凭证并编号；定期编制记账凭证汇总表（或科目汇总表）并登记总分类账；办理有关转账核算业务；定期组织对账；负责筹资与投资的核算；计算应交的各种税金和附加；利润分配；编制会计报表并进行必要的财务分析。

（二）材料核算岗位

该岗位负责原材料、包装物、低值易耗品等的日常核算工作。原材料按计划成本计价，应设置材料采购，原材料、包装物、低值易耗品、材料成本差异等明细账，对日常收发进行详细登记，并注意同总分类账的核对以及与仓库部门的账实核对。月终计算出原材料成本差异率，据以分摊材料成本差异。

（三）生产成本岗位

该岗位负责组织生产成本核算，包括基本生产成本核算和辅助生产成本核算。结合生产车间及其产品，开设基本生产成本明细账，并设"直接材料"、"直接人工"和"制造费用"等。成本项目设专栏进行登记；按基本生产车间设"制造费用"明细账，并按费用项目设专栏进行登记；设置辅助生产维修明细账，并按费用项目设专栏（辅助生产车间不再单独核算制造费用）进行登记。月末采用直接分配法编制"辅助生产费用分配表"分配辅助生产费用，编制"制造费用分配表"分配制造费用，并计入基本生产成本明细账。计算月末在产品成本和完工产品成本，并编制完工产品成本汇总表。

（四）产成品核算岗位

该岗位负责建立产成品数量金额明细账，审查产成品成本汇总表及完工产品入库，负责产成品明细账的登记以及分期收款发出商品明细账的设置和登记。按规定监督产成品盘点并与成品库进行账实核对，与总分类账进行账账核对，月末按加权平均法计算并结转已销售产成品成本。盘点发生溢缺，按月初单位成本转账。

（五）工资核算岗位

该岗位平时负责工时、产量等资料的记录，职工考勤。编制工资结算汇总表以及工资费用分配表，负责计提职工福利费、工会经费和职工教育经费等。

（六）往来结算岗位

该岗位负责办理企业与各方面的往来结算业务。与购进付款业务相关的核算，应与供应部门协作，设置"应付账款"、"应付票据"等明细账；与销售收款业务相关的核算，应与销售部门协作，设置"主营业务收入"、"其他业务收入"、"应收账款"、"应收票据"等明细账，并根据有关凭证进行登记，定期与有关总分类账进行核对。

（七）出纳岗位

该岗位负责办理货币资金的收付业务，建立银行存款日记账和现金日记账，并根据有关货币资金收付凭证逐日逐笔进行登记，每日结出金额。负责现金支票和转账支票的签发以及其他银行结算凭证的填制。在主办会计监督下与银行对账。

（八）固定资产核算岗位

该岗位负责固定资产增减变动的核算，在建工程的核算以及固定资产折旧的计提，应建立固定资产、在建工程、累计折旧等明细账，并根据有关凭证进行登记，定期与总分类账进行核对。

（九）费用核算岗位

该岗位负责期间费用的核算以及营业外收支的核算，应建立"销售费用"、"管理费用"、"财务费用"等明细账以及"营业外收入"和"营业外支出"明细账，根据有关凭证进行登记，并与有关总分类账进行核对。

二、会计交接

（一）交接工作程序

1. 交接前的准备工作。

会计人员在办理会计工作交接前，必须做好以下准备工作。

① 已经受理的经济业务尚未填制会计凭证的应当填制完毕。

② 尚未登记的账目应当登记完毕，结出余额，并在最后一笔余额后加盖经办人印章。

③ 整理好应该移交的各项资料，对未了事项和遗留问题要写出书面说明材料。

④ 编制移交清册，列明应该移交的会计凭证、会计账簿、财务会计报告、公章、现金、有价证券、支票簿、发票、文件、其他会计资料和物品等内容；实行会计电算化的单位，从事该项工作的移交人员应在移交清册上列明会计软件及密码、会计软件数据盘、磁带等内容。

⑤ 会计机构负责人（会计主管人员）移交时，应将财务会计工作、重大财务收支问题和会计人员的情况等向接替人员介绍清楚。

2. 移交点收。

移交人员离职前，必须将本人经管的会计工作，在规定的期限内，全部向接管人员移交清楚。接管人员应认真按照移交清册逐项点收。具体要求如下。

① 现金要根据会计账簿记录余额进行当面点交，不得短缺，接替人员发现不一致或"白条抵库"现象时，移交人员在规定期限内负责查清处理。

② 有价证券的数量要与会计账簿记录一致，有价证券面额与发行价不一致时，按照会计账

簿余额交接。

③ 会计凭证、会计账簿、财务会计报告和其他会计资料必须完整无缺，不得遗漏。如有短缺，必须查清原因，并在移交清册中加以说明，由移交人负责。

④ 银行存款账户余额要与银行对账单核对相符，如有未达账项，应编制银行存款余额调节表调节相符；各种财产物资和债权债务的明细账户余额，要与总账有关账户的余额核对相符；对重要实物要实地盘点，对余额较大的往来账户要与往来单位、个人核对。

⑤ 公章、收据、空白支票、发票、科目印章以及其他物品等必须交接清楚。

⑥ 实行会计电算化的单位，交接双方应在电子计算机上对有关数据进行实际操作，确认有关数字正确无误后，方可交接。

3．专人负责监交。

为了明确责任，会计人员办理工作交接时，必须有专人负责监交。通过监交，保证双方都按照国家有关规定认真办理交接手续，防止流于形式，保证会计工作不因人员变动而受影响；保证交接双方处在平等的法律地位上享有权利和承担义务，不允许任何一方以大压小，以强凌弱，或采取非法手段进行威胁。

移交清册应当经过监交人员审查和签名、盖章，作为交接双方明确责任的证件。

对监交的具体要求如下。

（1）一般会计人员办理交接手续，由会计机构负责人（会计主管人员）监交。

（2）会计机构负责人（会计主管人员）办理交接手续，由单位负责人监交，必要时主管单位可以派人会同监交。

所谓必要时由主管部门派人会同监交，是指有些交接需要主管单位监交或者主管单位认为需要参与监交。通常有三种情况。

① 所属单位负责人不能监交，需要由主管单位派人代表主管单位监交。如因单位撤并而办理交接手续等。

② 所属单位负责人不能尽快监交，需要由主管单位派人督促监交。如主管单位责成所属单位撤换不合格的会计机构负责人（会计主管人员），所属单位负责人却以种种借口拖延不办交接手续时，主管单位就应派人督促会同监交等。

③ 不宜由所属单位负责人单独监交，而需要主管单位会同监交。如所属单位负责人与办理交接手续的会计机构负责人（会计主管人员）有矛盾，交接时需要主管单位派人会同监交，以防可能发生单位负责人借机刁难等。此外，主管单位认为交接中存在某种问题需要派人监交时，也可派人会同监交。

4．交接后的有关事宜。

① 会计工作交接完毕后，交接双方和监交人在移交清册上签名或盖章，并应在移交清册上注明：单位名称，交接日期，交接双方和监交人的职务、姓名，移交清册页数以及需要说明的问题和意见等。

② 接管人员应继续使用移交前的账簿，不得擅自另立账簿，以保证会计记录前后衔接，内容完整。

③ 移交清册一般应填制一式三份，交接双方各执一份，存档一份。

（二）交接注意事项

第一，交接表要写清楚。看交接表上的内容与事实是否相符。

第二，发票要看仔细。发票本数与事实相符。企业账要与银行账相符。现实和实务往来是否相符。保管账与实务是否相符。要清点仓库。固定资产也要盘点。

第三，单位往来账要相核对，个人账也要核对。

总之，会计交接一定要注意，否则后果自负。所以不要怕麻烦。涉及会计方方面面一定要核实。

三、税务部分及纳税说明

（一）纳税企业须知

1. 被查企业的权利。

（1）如果稽查人员到企业检查不出示税务检查证或人数少于二人以上的，纳税人可以拒绝检查。

（2）税务稽查人员与被查对象有利害关系或有其他关系可能影响公正执法的，被查企业有权要求他们回避。

（3）税务稽查人员调取账簿及有关资料时应当填写《调取账簿资料通知书》、《调取账簿资料清单》，并要在三个月内完整退还。

（4）税务稽查人员取证过程中，不得对当事人和证人引供、诱供和迫供。

（5）属于金融、部队、尖端科学等保密单位的，必须要求税务稽查人员提供《税务检查专用证明》。

（6）税务稽查人员查封纳税人的商品、货物或其他财产时，未能提供有效的《查封（扣押）证》、《查封商品、货物、财产清单》、《扣押商品、货物、财产专用收据》的，纳税人可以拒绝查封。

（7）税务机关在作出行政处罚决定之前，依法有告知当事人作出行政处罚决定的事实、理由及依据的义务，当事人依法享有陈述、申辩的权利。

（8）税务机关对公民作出 2000 元以上的罚款（含本数），或对法人和其他组织作出 1 万元以上的罚款（含本数），当事人依法有要求举行听证的权利，当事人在接到《税务行政处罚事项告知书》后 3 天内向作出处理决定的税务机关提出书面申辩，逾期不提出的视为放弃听证权利，税务机关收到当事人听证要求后要在 15 天内举行听证。

（9）当事人可以亲自参加听证，也可委托一至二人代理，委托代理的应向其代理人出具委托书，并经税务机关或听证主持人审核确认。

（10）当事人认为听证主持人与本案有直接利害关系的，有权申请回避。回避申请应当在举行听证的 3 日前向税务机关提出，并说明理由。

（11）同税务机关在纳税上发生争议时，可以在收到税务机关填发的缴款凭证之日起 60 天内向上一级税务机关申请复议。对复议决定不服的，可以在接到复议决定书之日起 15 天内向人民法院起诉。当事人对税务机关的处罚决定、强制执行措施或者税收保全措施不服的，可以在接到处罚通知之日起或者税务机关采取强制执行措施、税收保全措施之日起 15 天内向上一级税务机关申请复议，当事人也可以直接向人民法院起诉。复议和诉讼期间，强制执行措施和税收保全措施不停止执行。

（12）税务机关使用或损毁扣押的财物、违法实行检查措施或执行措施，给纳税人造成损失的，纳税人依法有权提出赔偿。

2．被查企业的义务。

（1）纳税人、扣缴义务人必须接受税务机关依法进行的税务检查，如实反映情况，提供有关资料，不得拒绝、隐瞒。

（2）税务机关依法进行税务检查时，有关部门和单位应当支持、协助，向税务机关如实反映纳税人、扣缴义务人和其他当事人的与纳税或者与代扣代缴、代收代缴税款有关的情况，提供有关资料及证明材料。

（3）纳税人、扣缴义务人、纳税担保人同税务机关在纳税上发生争议时，必须先依照法律、行政法规的规定缴纳或者解缴税款及滞纳金，然后才可以申请复议或起诉。

（二）企业纳税情况说明书样本

企业纳税情况说明书

（20　年至20　年 - 月）

企 业 代 码：

企 业 名 称：

详 细 地 址：

填 写 人 员：

填 写 日 期：

20　年 企 业 纳 税 情 况 报 告

税种	应纳税额	已纳税额	应补税额	滞纳金	合计
营业税					
城市维护建设税					
教育费附加					
企业所得税					
个人所得税					
房产税					
土地使用税					
车船使用税					
印花税					
土地增值税					
文化事业费					
资源税					
其他					
税费合计					

应补税款情况及问题说明：

声明：我单位保证以上情况报告所涉及内容的真实性、完整性、可靠性，能够自觉履行纳税义务，做到诚信纳税。

声明人签字：　　　　　　　　日期：

　　　　填表单位（公章）

　注：税款金额按申报期金额填写。

（2012 年 1-9 月）企 业 纳 税 情 况 报 告

税种	应纳税额	已纳税额	应补税额	滞纳金	合计
营业税					
城市维护建设税					
教育费附加					
企业所得税					
个人所得税					
房产税					
土地使用税					
车船使用税					
印花税					
土地增值税					
文化事业费					
资源税					
其他					
税费合计					

应补税款情况及问题说明：

声明：我单位保证以上情况报告所涉及内容的真实性、完整性、可靠性，能够自觉履行纳税义务，做到诚信纳税。

声明人签字：　　　　　　　　日期：

　　　　填表单位（公章）

　注：税款金额按申报期金额填写。

参 考 文 献

［1］陈风奎，盖奎元，王淑兰. 会计实习习题集. 校本教材，2006.

［2］管理洪，蒋宏萍，徐忠宇. 会计综合实训. 北京：中国劳动社会保障出版社，2009.

［3］杨武岐，曾义，陈江北. 会计实务模拟. 北京：科学出版社，2008.